Veröffentlichungen des Deutschen Vereins für Volks-Hygiene.

Im Auftrage des Zentralvorstandes in zwanglosen Heften herausgegeben von Dr. K. Beerwald, Berlin.

Heft III.

Nothilfe bei Verletzungen und Unglücksfällen.

Von

Dr. Jul. Fessler,

Professor an der Universität München.

Mit 27 Figuren.

3. neubearbeitete und vermehrte Auflage.

(16. bis 25. Tausend.)

München und Berlin.

Druck und Verlag von R. Oldenbourg.

1912.

Preis 50 Pfennig.

Von 100 Expl. an 45 Pf. | Von 500 Expl. an 35 Pf.

Von 200 Expl. an 40 Pf | Von 1000 Expl. an 32 Pf.

Von 2000 Expl. an 30 Pf.

Veröffentlichungen des Deutschen Vereins für Volks-Hygiene.

Im Auftrage des Zentralvorstandes in zwanglosen Heften herausgegeben von Dr. K. Beerwald, Berlin.

Heft III.

Nothilfe bei Verletzungen und Unglücksfällen.

Von

Dr. Jul. Fessler,

Professor an der Universität München.

Mit 27 Figuren.

3. neubearbeitete und vermehrte Auflage.

(16. bis 25. Tausend.)

München und Berlin.

Druck und Verlag von R. Oldenbourg.

1912.

Einleitung.

Aus zwei Gründen ist es wertvoll, sich über Nothilfe zu belehren:

Erstens kann jeder in die Notlage kommen, dem verwundeten Mitmenschen die erste Hilfe zu leisten und dadurch das erlöschende Leben zu retten. Zweitens ist es für die spätere ärztliche Behandlung, für die Heilung sehr wichtig, daß bis zur Ankunft des Arztes kein weiteres Unheil gestiftet, sondern die Heilung sachgemäß vorbereitet wird.

Um aber sachgemäß handeln zu können, ist Kenntnis vom Bau des menschlichen Körpers Vorbedingung. Zum leichtern Verständnis ist die Arbeit mit Abbildungen versehen. Diese sind zum Teil von den Verlagsbuchhandlungen F. C. W. Vogel in Leipzig und J. F. Lehmann in München dankenswert zur Verfügung gestellt, zum größeren Teil aber nach Zeichnungen des Kunstmalers A. Waldraff in München, dem Photographien des Verfassers als Vorlage dienten, neu hergestellt.

Die Schrift möge auf wissenschaftlicher Grundlage in weite Kreise dringen, um unsere Mitmenschen vor dem Unglück des Kurpfuschertums zu bewahren. Sie ist auch bestimmt als Nachschlagebuch für die Sanitätskolonne, bei der ich seit Jahren als ärztlicher Leiter Unterricht erteile.

München im März 1912.

Julius Feßler.

Leitsätze:

I. Schnell handeln! Sekunden sind kostbar für die Lebensrettung!

II. Keiner verliere den Kopf! Besonnenheit, Ruhe und Sicherheit fördern zweckmäßiges Handeln.

III. Den Verunglückten beruhigen und seine Hoffnung stärken!

IV. Selbständig und umsichtig handeln, ohne Worte zu verlieren! Taten, wenig Worte!

V. Verhindern, daß etwas Unzweckmäßiges geschieht! Durch Übereifer und Vielgeschäftigkeit nicht schaden!

VI. Größte Reinlichkeit in allen Dingen beobachten!

VII. So behandeln, wie man selber behandelt werden möchte!

VIII. Nicht pfuschen, nicht den Arzt spielen wollen, sondern diesen sofort rufen! Womöglich dem Arzt den Befund, die Art der Verletzung schon beim Holenlassen schriftlich mitteilen, damit dieser die notwendigen Instrumente und Heilmittel gleich zur Unglücksstelle mitbringen kann!

I. Abschnitt.

Bau des menschlichen Körpers.

Feinste, nur durch das Mikroskop erkennbare Gebilde lebenden Eiweißes, Zellen, setzen sich im menschlichen Körper zusammen zu Geweben verschiedener Art: Muskelzellen von ganz bestimmter Form zu Muskelgewebe, Knochenzellen zu Knochengewebe, Nervenzellen zu Nervengewebe. Aus der Vereinigung solcher Gewebe entstehen die einzelnen Arbeitswerkzeuge, Organe des menschlichen Körpers: Haut, Muskeln, Knochen, Organe, Eingeweide, Gehirn, Rückenmark usw. Gleichartige werden zusammengefaßt als Knochensystem, Muskel-, Nervensystem usw. Diese Systeme lassen sich in drei Abteilungen gruppieren: I. Die mechanische Abteilung; (dazu gehört das Knochen- und Muskelsystem). Sie gibt dem Körper die Gestalt, schützt die zarten, lebenswichtigen innern Organe vor schädlichen äußern Einwirkungen und ermöglicht die Bewegungen des Körpers in der Außenwelt. Mittels der Muskeln, Knochen, Nerven können wir gehen. II. Die chemische Abteilung schließt in sich: das Eingeweidesystem (die Organe der Ernährung, der Atmung und der Ausscheidung) und das Blutgefäßsystem. Diese beiden besorgen den chemischen Umsatz im menschlichen Körper. Ihre Tätigkeit besteht in der Erhaltung des Körpers durch Zufuhr der Nahrungsstoffe und Abfuhr der verbrauchten Stoffe. III. Die Nervenabteilung besteht aus dem Nervensystem im Innern des Körpers und den Sinnesorganen an der Außenfläche. Im Nervensystem (Gehirn und Rückenmark) ist der Sitz der höchsten Lebenstätigkeit; die Sinnesorgane vermitteln die Verbindung unseres innern Lebens mit der Außenwelt.

Alle drei Abteilungen sind gedeckt durch die äußere Haut.

I. Von der mechanischen Abteilung betrachten wir zuerst a) die Knochen. Sie sind die härtesten Teile des Körpers, zugleich aber auch am wenigsten elastisch, d. h. sie sind oft beinahe so spröde wie Glas und können durch Stoß zerbrechen, während die darüberliegenden, weniger harten, aber elastischen Gebilde unversehrt bleiben.

Die Gestalt der Knochen ist mannigfach, je nach dem Ort, an dem sie das Knochengerüste aufbauen helfen. Sie sind flach oder röhrenförmig, schalenförmig, eckig oder rund, kurz oder lang.

Der Bau des Knochengerüstes.

Der oberste Teil des Knochengerüstes, der Schädel, der das lebenswichtigste Organ, das Gehirn, enthält, wird getragen von einer senkrechten Knochensäule, der Wirbelsäule, die sich wieder auf einen breiteren Knochenring, das Becken, als Unterlage stützt. Diese Teile des Knochengerüstes bilden die Grundlage des menschlichen Rumpfes. Rechts und links unter dem Becken sind lange Röhrenknochen befestigt, die den Rumpf in aufrechter Körperhaltung auf dem Erdboden tragen und zugleich in abwechselnder Bewegung weiterbefördern (die Beine). In ähnlicher Stellung wie diese beiden Knochenstützen am untern Ende der Wirbelsäule befestigt sind, befinden sich gleichartig rechts und links am obern Ende der

Wirbelsäule unterhalb des Kopfes paarig angeordnet Röhrenknochen, welche die Greif- und Faßorgane des menschlichen Körpers sind (die Arme). Außerdem gehen von der Wirbelsäule als Bauwerk des Rumpfes jederseits 12 Querbogen, die Rippen, aus, ähnlich wie bei einem Schiff vom Grunde des Kiels aus die seitlichen Rippensparren den Schiffskörper bilden.

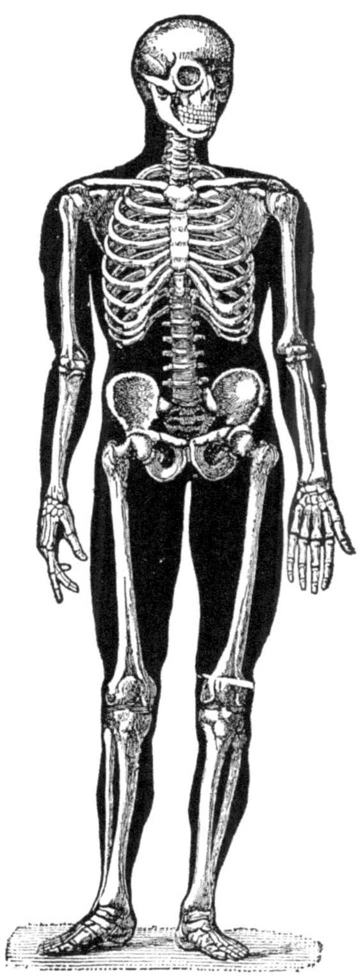

Fig. 1
zeigt die Lage des Knochengerüstes zu den Weichteilen.

Die 20 flachen Knochen, welche den Schädel bilden, sind fest miteinander zu einer hohlen Kapsel vereinigt. Davon ist ein einziger durch ein Gelenk beweglich eingefügt, nämlich der Unterkiefer. Außen am Schädel sind in Höhlen die meisten Sinnesorgane untergebracht (das Auge, das Ohr, der Geruch in der Nase, der Geschmack auf der Zunge).

Die Wirbelsäule, das Rückgrat, besteht aus 24 rundlichen Knochen, die wie Bausteine übereinander liegen und untereinander durch knorplige Zwischenscheiben verbunden sind. Durch diese Zwischenscheiben ist es ermöglicht, den Rumpf elastisch zu biegen und zu drehen. Sie halten zu gleicher

Zeit beim Sprung oder Fall auf die Füße wie Puffer Stöße auf und verhindern dadurch, daß Gehirn und Rückenmark erschüttert werden. Mit seitlich nach rückwärts abzweigenden Knochenspangen, den Wirbelbögen, umschließen sie, gleich wie der Schädel das Gehirn, so das Rückenmark, das rückwärts von der Wirbelsäule durch den Rumpf hinabläuft und darin seine Nervenäste verzweigt.

Der Brustkorb umschließt mit seinen zwölf Rippenpaaren, die hinten von der Wirbelsäule ausgehen und sich vorn zum größern Teil im Brustbein wie ein Panzer vereinigen, die Brusteingeweide: Lunge und Herz.

Das Becken (Kreuzbein, Sitzbein, Schambein und Beckenschaufel), ringförmig aus mehreren flachen Knochen bestehend, trägt in seiner schüsselartig geformten Höhlung Baucheingeweide und Unterleibsorgane. Unten am Becken sind in rundlichen Gruben die Knochen der Beine befestigt.

Die beiden Arme sind an einem ähnlichen Knochengürtel oberhalb der Rippenbögen angebracht. Er besteht jederseits aus einem Schlüsselbein, das dem vordern Teil des Beckens entspricht, und dem Schulterblatte, das dem seitlichen Teil des Beckens ähnlich ist. Jeder Arm (obere Extremität) hat im Oberarm einen Röhrenknochen, im Vorderarm zwei Röhrenknochen (Speiche außen und Elle innen bei nach vorn gekehrter Innenfläche der Hand).

Die Hand ist zusammengesetzt aus der Handwurzel mit acht kleinen würfelförmigen, der Mittelhand mit fünf röhrenförmigen und den Fingern mit 14 ebenfalls röhrenförmigen Knochen. Die Knochen des Armes sind untereinander und mit dem Schultergürtel (Schlüsselbein und Schulterblatt) gelenkig verbunden. In ganz ähnlicher Weise besteht jedes Bein (untere Extremität) aus einem Oberschenkelknochen, zwei Unterschenkelknochen

(Schienbein innen, Wadenbein außen), sieben Fußwurzelknochen, fünf Mittelfußknochen und, weil das Fersenbein eigentlich aus zwei Knochen zusammengewachsen ist, aus 14 Zehenknochen. Der Fersenbein-Höcker entspricht dem Erbsenbein der Hand am Ballen des kleinen Fingers.

Es herrscht also eine wunderbar gleichartige (homologe) Zusammensetzung des menschlichen Skelettes oben und unten. Durch einen senkrechten Schnitt in der Mitte von vorn nach rückwärts läßt sich der Körper in zwei Hälften teilen: die rechte ist der linken entsprechend (symmetrisch) gebaut.

Dadurch, daß der Knochengürtel, an den die beiden Arme seitwärts am Rumpfe gelenkig angehängt sind, rückwärts von den Schulterblättern nicht knöchern wie der Beckenring geschlossen ist, können die Arme für sich besonders frei bewegt werden.

Die gelenkige Zusammenfügung der Knochen, durch die die Beweglichkeit des Knochengerüstes ermöglicht ist, wird durch einen knorpligen, glatten Überzug der aneinanderstoßenden Knochenenden mit bläulichweißer, glänzender Fläche bewirkt.

Wenn ein solches Gelenk geöffnet werden soll, begegnet man meist einigen Schwierigkeiten, welche davon herrühren, daß zuvor ein straffes, weißes, glänzendes Gewebe durchschnitten werden muß, die Gelenkkapsel. Es ist dies ein besonders festes Gewebe, das überall im Körper zur Verbindung, und Befestigung einzelner Teile dient und den Namen Bindegewebe führt. Es überspannt die Gelenke der Knochen wie ein Sack, verbindet innere Organe mit dem Knochengerüst, umhüllt die Muskeln und heftet diese an die Knochen.

An einzelnen Stellen sind die Gelenke seitlich noch verstärkt durch besonders starke, straffe Bindegewebs- und elastische Faserzüge: die Gelenkbänder.

Aus dem geöffneten Gelenk quellen einige Tropfen einer eiweißähnlichen, hellgelben, klaren Flüssigkeit hervor, die Gelenkschmiere, welche die Knorpelflächen geschmeidig erhält. Diese Gelenkschmiere kann man vergleichen mit dem Maschinenöl des Mechanikers.

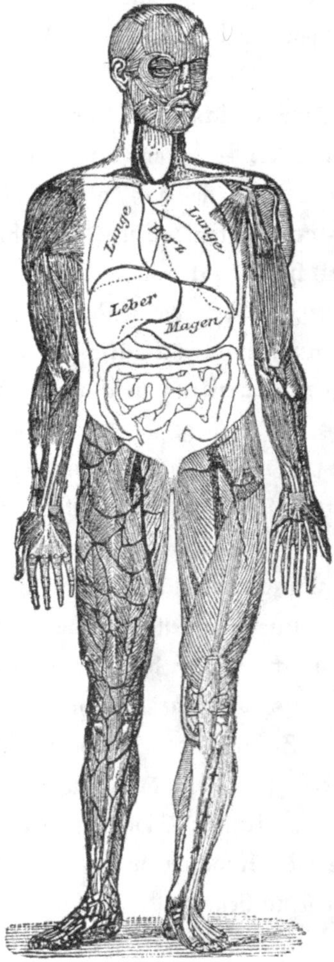

Fig. 2
zeigt die Lage der Brust- und Baucheingeweide, der Muskeln, dann den Verlauf der Blutadern am rechten Bein und Hals, und den Verlauf der Pulsader am linken Bein.

Gelenke, wie wir sie in der Feinmechanik oder Schlosserei verwenden, sind den Gelenken des menschlichen Körpers nachgebildet. Wir haben im menschlichen Körper Kugelgelenke, Scharniergelenke usw. Wohl selten aber finden wir bei mechanischen Apparaten ein so freies Kugelgelenk wie an der Schulter oder ein zusammengesetztes Scharniergelenk, das zu gleicher Zeit Beugung und Drehung ermöglicht, wie es Ellenbogen- und Handgelenk sind.

b) Die **Muskeln** sind am Knochengerüste befestigt zur Ausführung von Bewegungen und zur Formung des Körpers: sie bilden sein Fleisch. Der Muskel hat eine flache, langgestreckte oder spindelförmige Gestalt und besteht aus einzelnen Fasern und Fäserchen, deren mikroskopisch feinste Teilchen die Fähigkeit haben, sich selbständig zusammenzuziehen. Der Muskel sitzt gewöhnlich mit einem Ende breit am Knochen, mit dem andern Ende verläuft er in einen dünnen, walzenförmigen, sehr festen, weiß glänzenden Strang. Dieser besteht aus Bindegewebe und heißt Sehne. Die Sehne hat nicht die Fähigkeit sich zusammenzuziehen, sondern der Muskel allein ist es, der dies durch Nervenendigungen entweder willkürlich oder unwillkürlich besorgt, durch die Zusammenziehung kürzer und dicker wird und dadurch die Sehne veranlaßt ihm zu folgen. Durch die Zusammenziehung des Muskels werden die beiden Knochen, an welchen Muskel und Sehne befestigt sind, einander genähert und in ihren Gelenken bewegt. Die Sehne läuft frei beweglich über den Knochen hinweg, von dem der Muskelkörper entspringt, und damit über das nächste Gelenk. Sie kann aber auch noch über den nächstfolgenden Knochen und das zweite Gelenk setzen, so daß sie am nächsten oder erst am übernächsten Knochen angewachsen ist. Wenn nun durch Nerveneinfluß (ausgelöst durch unsern Willen vom Gehirn oder infolge eines Reizes von der äußern Haut durch Vermittlung der Gefühlsnerven nach dem Rückenmark und von dort wieder durch Bewegungsnerven zum Muskel) die Muskelfasern sich zusammenziehen, so muß der Knochen, an dem die Sehne festsitzt, dem Knochen, von welchem der Muskel ausgeht, genähert werden. (Zum Beispiel: der Musculus Biceps beugt den Arm; oder beim Experiment am frisch getöteten Frosch folgt auf elektrische Reizung der Hautnerven am Oberschenkel Beugung des Unterschenkels zur Kratz- und Abwehrbewegung.)

II. Chemische Abteilung. a) Einen Teil der Erhaltungsstoffe bezieht der Körper aus der Luft durch die Lunge (Fig. 3) als Sauerstoffgas, das bei der Einatmung von den roten Blutkörperchen in den Lungenblutgefäßen aufgenommen wird. Dafür wird Kohlensäuregas als Folge der langsamen Verbrennung von Körperstoffen (Oxydationsprodukt) an die Luft bei der Ausatmung abgegeben.

Die Luft wird durch den Kehlkopf, die Luftröhre und ihre Äste (Bronchien) etwa fünfzehnmal in der Minute in den Brustkorb bei jedem Atemzug eingezogen. Die Bronchialäste der Luftröhre verteilen die Luft in die Lungenbläschen der beiden Lungenflügel. Diese schwammartigen, lufthaltigen Lungenbläschen sind von feinsten Blutgefäßen umsponnen, in denen obiger Gasaustausch stattfindet. Je mehr Kohlensäure oder andere zur Atmung untaugliche Gase die Luft enthält, desto weniger ist sie demnach für die Atmung geeignet.

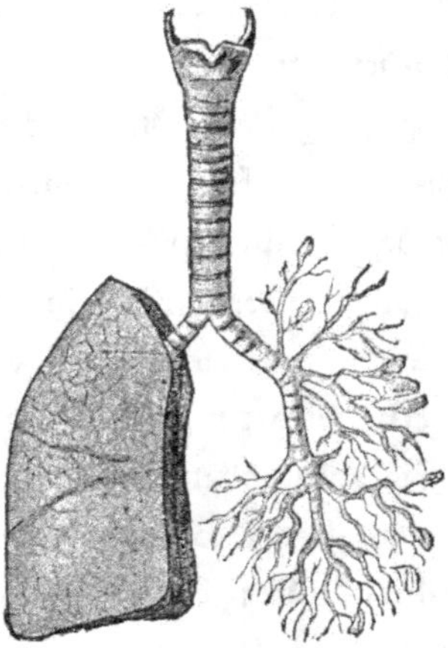

Fig. 3
zeigt den Kehlkopf, die Luftröhre, die rechte Lunge an ihrem Bronchialast, die Verzweigung der Bronchialäste mit den Lungenbläschen der linken Lunge.

Die Mechanik der Atmung ist bedingt durch die Muskelkraft der Brustmuskeln und der Zwischenrippenmuskeln, welche bei ihrer Zusammenziehung die Rippen nach oben heben und den Brustkorb erweitern, so daß Luft in die Lunge eindringen muß, solange Kehlkopf, Rachen, Mund und Nase, d. h. die obern Luftwege, frei sind. Läßt die Zusammenziehung dieser Muskeln nach, so sinkt der Brustkorb von selbst wieder zusammen, wodurch die Luft ausgepreßt wird. Die Zusammenziehung des Zwerchfells, das zwischen Brust- und Bauchhöhle als gewölbte Muskelplatte ausgespannt ist, erweitert den Brustraum nach unten während der Einatmung.

Die Atmung erkennt man also am Heben und Senken des Brustkorbes und am Vorwölben der Bauchdecken. Ganz oberflächliche Atmung kann man nur vor der Nase mit dem Handrücken fühlen oder an dem Beschlagen eines vor die Nase gehaltenen Spiegels merken, auf dem sich der Wasserdunst der ausgeatmeten Luft absetzt.

b) Weiter führen wir dem Körper Nahrungsstoffe durch den Mund und den Verdauungsschlauch in Form von Speisen zu. Aus diesen nimmt der Körper in den zahlreichen röhrenförmigen Drüsen des Magens und der Eingeweide die Nahrungsstoffe durch chemische Umsetzung auf. Es sind dies Wasser, Salze, Fett, Eiweiß und kohlenstoffhaltige Nahrungsstoffe (Kohlehydrate). Der oberste Teil des Verdauungsschlauches, die Speiseröhre, kreuzt im Rachen das Luftrohr. Die Speisen nehmen hier eine kurze Strecke denselben Weg wie die Luft. Später liegt die Speiseröhre links hinter der Luftröhre.

Wegen des Erbrechens und des Verschluckens bei Bewußtlosen ist folgendes zu wissen wichtig: Da die Speisen und Getränke für gewöhnlich vom Mund über die Zunge durch den Rachen in den Schlundkopf und die Speiseröhre gelangen, drückt der muskulöse Zungengrund bei jedem Schluckakt einen knorpeligen Deckel (Kehldeckel) über den vor dem Schlundkopfeingang liegenden Kehlkopf. (Siehe Fig. 4.)

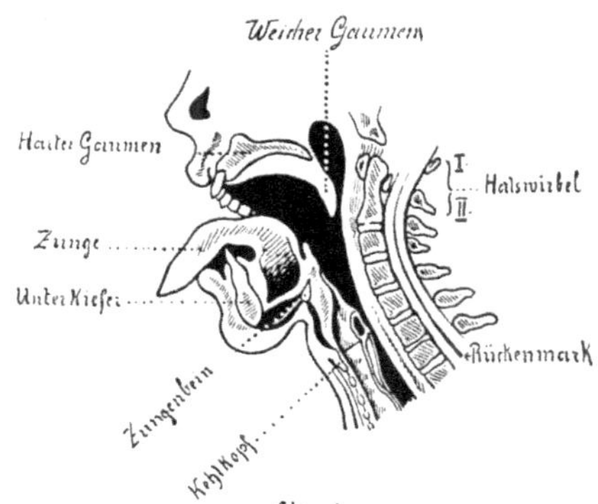

Fig. 4
zeigt den Weg durch Mund, Nasenrachenraum und Schlund zur Speiseröhre (mit schwarzer Farbe gedeckt) bei vorgestreckter Zunge und geöffnetem Kehlkopf.

Bei Bewußtlosen legt man im Augenblick des Erbrechens, damit nicht Speisereste in den Kehlkopf („den unrechten Schlund") gelangen, den Kopf am tiefsten, wendet ihn am besten zur Seite und schiebt den Unterkiefer (samt der daran angewachsenen Zunge) durch Fingerdruck am Kieferwinkel von hinten nach vorn oder noch besser man zieht die Zunge mit Zeige- und Mittelfinger und darum gewickeltem Taschentuch aus dem Mund. Dabei ist aber ein Holzkeil, Schlüssel, Messergriff als Knebel seitlich zwischen die Zahnreihen zu schieben, damit der Bewußtlose nicht beißen kann. Mit einem Taschentuchzipfel und dem Zeigefinger der andern Hand greift man alsdann rasch in den Rachen hinunter, um Zungengrund und Kehldeckel von Schleim, erbrochenen Massen, Blut u. dgl. zu reinigen. Auch hinabgerutschte Fremdkörper (Schnuller, künstliches Gebiß usw.) sind so herauszubefördern. Wird dieser Handgriff versäumt, so besteht augenblicklich Erstickungsgefahr, zudem kann aber durch eingeatmete Schleimmassen noch nach Tagen eine totbringende Lungenentzündung erzeugt werden. (Siehe Seite 23, 27, 65, 86 und 90).

Die Speiseröhre durchbohrt in ihrem weitern Verlauf etwas links von der Wirbelsäule das Zwerchfell, das die Brusteingeweide von den Baucheingeweiden trennt, und mündet in den links unter dem Zwerchfelle liegenden Magen. (Siehe Bild Seite 10). Es ist dies eine muskulöse Erweiterung des Verdauungsschlauchs, in dem die Speisen zu einem Brei für die Aufnahme in die Darmlymph- (Chylus-)gefäße verarbeitet werden. An dem Verdauungsvorgang beteiligen sich weiterhin der Zwölffingerdarm rechts unterhalb des Magens gelegen (benannt nach seiner etwa Zwölffingerbreiten messenden Länge), dann der in der Mitte des Bauches etwa 5 m lange Dünndarm und zwar durch ihre Muskelwandungen und Drüsensäfte. Der sich oft entzündende Wurmfortsatz des Blinddarms liegt rechts unten auf der Beckenschaufel als Ausbuchtung des Darmkanals am Übergang in den Dickdarm. Der dicke (weite) Darm beendet die Verdauung, zieht aus den Speisebreiresten noch das Wasser aus und dickt sie allmählich zu Kot ein. Deshalb durchzieht er noch einmal nach rechts oben aufsteigend, quer vor dem Magen herüberziehend, und dann links absteigend den ganzen Bauchraum.

Rechts unter dem Zwerchfelle liegt im Bauchraum die größte Drüse unseres Körpers, die Leber, deren Saft, die Galle, für die Verdauung zur Verseifung der Speisefette sehr wichtig ist. Im gleichen Sinn arbeitet die hinter dem Zwölffingerdarm liegende Bauchspeicheldrüse: sie beteiligt sich hauptsächlich an der Eiweißverdauung. Der Leber gegenüber in der linken Bauchseite liegt eine blutbildende Drüse, die Milz. Hinter Magen und Leber beiderseits vor der Wirbelsäule in der Lendengegend liegt je eine Niere. Ihre Ausführungsgänge, die Harnleiter, ziehen von der Wirbelsäule in das Becken herab zur Harnblase. Dort liegen auch die Geschlechtswerkzeuge und das Ende des Dickdarms, der Mastdarm.

Die unbrauchbaren Stoffe des menschlichen Körpers werden nicht allein, wie oben bemerkt, durch die Lunge in Form von Kohlensäure und Wasserdampf, sondern auch durch die Hautdrüsen (im Schweiß), und vor allem durch den Darmkanal, die Nieren, ausgeschieden.

Stumpfe Verletzungen des Bauches (Stoß, Fall) verursachen nicht selten Darm-, Leber- und Nierenrisse. Durch Bauchwunden (z. B. durch Schuß, Stich usw.) können die verschiedenen Eingeweide mehrfach getroffen werden, wodurch infolge innerer Blutung und Blutvergiftung derartige Wunden besonders gefährlich werden.

c) Das durch den ganzen Körper zirkulierende Blut besorgt die Zufuhr der Erhaltungsstoffe und Abfuhr der Zersetzungsstoffe von Körperzellen. Das Blutgefäßsystem besteht aus einer doppelkammerigen Saug- und Druckpumpe, einem unwillkürlich während des ganzen Lebens rhythmisch sich zusammenziehenden Hohlmuskel, dem Herzen, und einem doppelten Röhrensystem: dem kleinen und dem großen Blut-Kreislauf.

Das Herz liegt im Brustkorb etwas linkerseits, aber noch hinter dem Brustbein, zwischen dem rechten und dem linken Lungenflügel.

Der Herzmuskel umschließt zwei Hauptkammern: die rechte für den kleinen Kreislauf der Lunge die linke für den großen Kreislauf des Körpers. Die rechte treibt das Blut in die feinsten Blutgefäße der Lunge, die linke hinaus

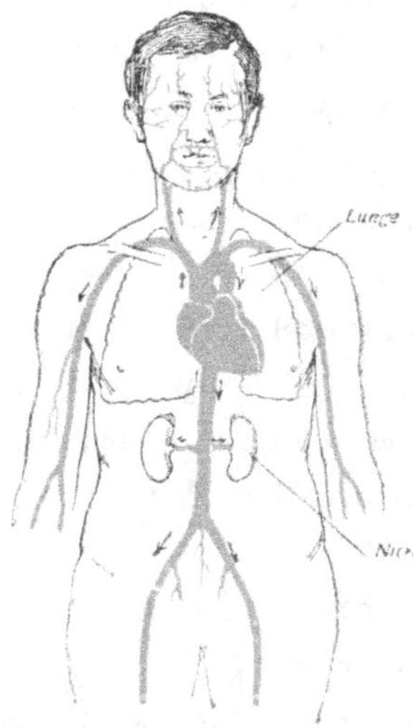

Fig. 5
zeigt die Lage des Herzens und der großen Pulsadern.

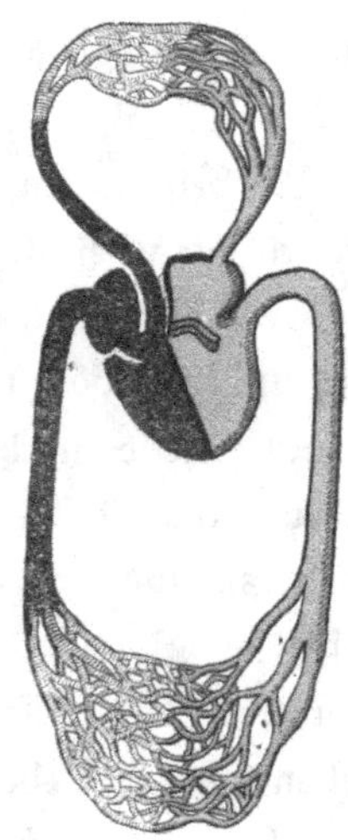

Fig 6
Blutkreislauf zeigt die Pulsadern mit der linken Herzhälfte in Hell, die Blutadern mit der rechten Herzhälfte in Schwarz; ferner die Klappen zwischen den Vorkammern und Herzkammern.
Aus „Esmarch, Die erste Hilfe bei plötzlichen Unglücksfällen."

in den ganzen Körper durch zahlreich verzweigte Pulsadern. Aus diesen Verzweigungen sammelt sich das Blut wieder in großen Blutadern, die oberhalb des Herzens durch Vermittlung von je einer Vorkammer in die linke Kammer als (4) Lungenblutsammelrohre, in die rechte als (2) Körperblutsammelrohre (Blutader, Vene) zurückführen. Der Lungenblutkreislauf hat aber die umgekehrte Richtung wie der Körperblutkreislauf. (Fig. 6.)

Der Vorgang des Blutumlaufes ist folgender: die feinsten Blutgefäße, die das schwammartige Gewebe der Lunge (lufthaltige Lungenbläschen) mit einem Netzwerk umgeben, bringen das durch die Einatmung mit Sauerstoff bereicherte (zur Ernährung des Körpers zweckdienliche, hellrote) Blut in das linke Herz. Das mit hellrotem Blut angefüllte linke Herz schließt in dem Augenblick seiner Zusammenziehung das große Lungenblutsammelrohr infolge Muskeldrucks auf die Blutmasse (wie durch Ventile in einem Gummigebläse) mittels innerer, dünner häutiger Klappen ab. Sein Inhalt muß nun in ein großes Körperpulsrohr (Aorta) vor der Wirbelsäule einströmen, das zahlreiche Äste in den Körper abgibt. (Fig. 5.)

Dehnt sich in der nächsten Sekunde das linke Herz infolge Muskelerschlaffung wieder aus, so schließen sich ebensolche Klappen im Anfange des Körperpulsrohres. Es kann dann nur Blut aus dem Lungenblutsammelrohr in die linke Vorkammer und von da in das linke Herz fließen.

In ähnlicher Weise wie das linke Herz zieht sich zu gleicher Zeit auch das rechte Herz zusammen: das aus seinem Körpersammelrohr kohlensäurereich, dunkelrot in die rechte Vorkammer und das rechte Herz zurückgeströmte Blut wird durch sein Lungenpulsrohr in die Lunge getrieben, damit es dort sauerstoffreich (hellrot) wird und von da, wie bereits beschrieben, durch Sammelrohre in die linke Vorkammer und linke Herzkammer übergeht.

Diese Zusammenziehungen des Herzens geben den Pulsschlag, für gewöhnlich 60 bis 80 mal in der Minute.

Die Blutgefäße, die das Blut aus dem linken Herzen infolge jener Zusammenziehung in den Körper hinausführen heißen wir Schlag= oder Pulsadern (Arterien). Aus ihnen spritzt beim Anschnitt mit ziemlicher Gewalt stoßweise, rhythmisch in Strahlen wie aus einer Druckspritze das hellrote Blut (Fig. 7). Die Adern, welche das Blut aus dem Körper nach dem rechten Herzen zurückführen, nennen wir Blut=

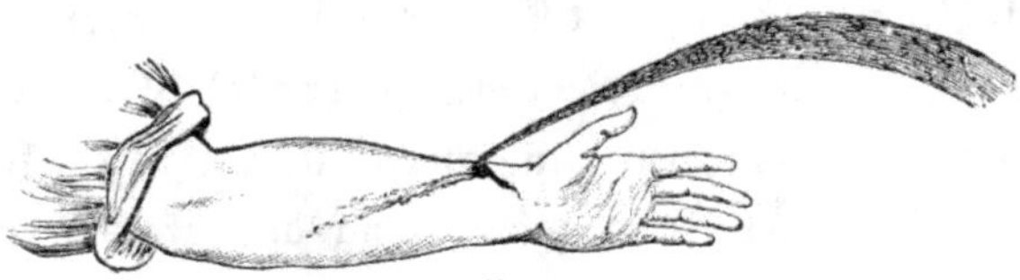

Fig. 7.
Blutung aus der Pulsader oberhalb des Handgelenkes beugewärts an seiner Außenseite.

adern (Venen), sie enthalten dunkelrotes Blut. Man sieht sie als grünblaue Stränge unter der Hautoberfläche verlaufen. Wenn sie verletzt sind, strömt aus ihnen das dunkelrote Blut in gleichmäßigem Fluß. Die feinsten Verzweigungen der Blutgefäße, die Haargefäße, lassen bei Verwundung kein Herausspritzen des Blutes erkennen. Aus oberflächlichen Wunden des Fett= und Bindegewebes (auch des Muskelfleisches) quillt daher rotes Blut wie aus einem Schwamm (Nasenbluten). Die Haargefäße bilden in ihrem feinverzweigten Netz aller Körperteile die Nahrungsabgabestelle von sauerstoffreichem, hellrotem Blute an die Körperzellen und nehmen die Kohlensäure und andere Zersetzungsstoffe aus ihnen auf. Das infolge der Kohlensäure dunkelrote Blut fließt aus dem Haargefäßnetze zusammen in die Blutadern. Diese bringen die Zersetzungsstoffe zurück zur Niere und Lunge, um sie dort auszuscheiden.

Viele Erscheinungen, die wir täglich an unserm Körper beobachten können, erklären sich aus diesem Blutlauf:

Beim Erröten der Wangen, infolge von Schamgefühl, tritt z. B. eine Überfüllung der feinsten Blutgefäße ein. Umgekehrt tritt aus dem Gesicht des Erschrockenen das Blut zurück.

Blutarme blasse Menschen haben einen schwachen Herzmuskel und mangelhafte Zusammensetzung des Blutes, das nur ungenügend in die feinsten Blutgefäße getrieben wird.

Bei Entzündung oder oberflächlicher Verbrennung der Haut erfolgt durch den Entzündungsreiz eine Überfüllung der feinsten Blutgefäßchen (Rötung und Schwellung).

Durch Stoß, Wurf mit einem Stein od. Quetschung u. dgl. wird oft die Haut nicht verletzt, wohl aber bersten die feinsten Blutgefäße unter der Haut. Es tritt Blut in das Fett- und Bindegewebe aus, das als Bluterguß unter der Haut durchschimmert (blaues Mal).

Wenn ein hoch gehobener Arm durch ein Band sehr fest abgeschnürt ist, so daß kein Blut hineinfließen kann, wird er blaßgrün (Leichenfarbe).

Wenn ein Arm durch ein Band nur mäßig stark umschnürt ist, so daß wohl noch Blut durch die dickwandigen, tiefer liegenden Schlagadern hinein, aber fast keines durch die dünnwandigen oberflächlichen Blutadern zum Herzen zurücklaufen kann, so wird der abgeschnürte Teil in kurzer Zeit dicker und dunkel- bis blaurot: seine oberflächlichen Blutadern sind dann strotzend mit dunkelrotem Blute gefüllt und deutlich durch die Haut sichtbar. (Siehe Fig. 8.)

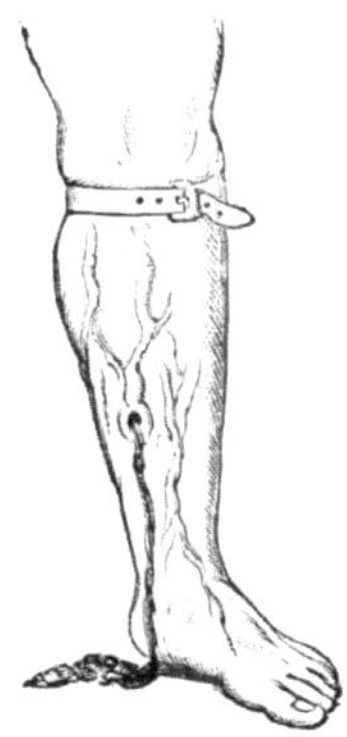

Fig. 8.
Blutung aus einer erweiterten Blutader, Krampfader am Bein, verstärkt durch Umschnürung oberhalb der Wade.

Wenn man die eigene Hand mehrere Minuten senkrecht über dem Kopfe empor hält, so wird sie blaß, kühl. Es entsteht in ihr ein pelziges Gefühl, weil das Herz das Blut in diese erhobene Hand nicht kräftig genug hineintreiben kann. Der Puls wird gefühlt entweder an der Innenfläche der Armspeiche oberhalb des Handgelenkes mittels des Zeige- und des Mittelfingers durch leichtes Andrücken der Pulsader an den Knochen oder bei schwacher Herztätigkeit rechts und links am Halse, vorn seitlich neben dem Kehlkopf, durch Andrücken der Schlagader an die Wirbelsäule. (Siehe Fig. 10 Seite 44 und Fig. 12 Seite 45.)

III. Nervensystem. Das Gehirn ist eine teigige, zarte, auf der Oberfläche vielfach gewundene und gefaltete rundliche Masse, die in die Schädelkapsel eingeschlossen ist. Sie hat eine weiß- bis graurötliche, glänzende Oberfläche und ist so weich, daß sie bei Verletzungen des Schädels aus ihm hervorquillt. Das Gehirn ist sehr reich an Blutgefäßen.

Die Nerven sind weiße, auch weißgraue Stränge, welche in verschiedener Stärke den Körper durchziehen. Der dickste, der Hüft-Oberschenkelnerv (Ischiadicus), ist ein platter Strang von 1 bis 2 cm Durchmesser. Die Nerven unterscheiden sich deutlich von den weißen perlmutter-glänzenden Sehnen. Diese sind meist dicker und weißer.

Bei Verletzung des Gehirns auch ohne Wunde oder Schädelbruch (Gehirnerschütterung), bei Zerreißung kleiner Blutgefäße mit Bluterguß in das Gehirn folgt schwere Störung seiner Tätigkeit in Form von Bewußtlosigkeit oder sofortigem Tod. Namentlich sind derartige Verletzungen an der untern Fläche des Gehirns, an seinem Übergang in das Rückenmark (am verlängerten Halsmark) sehr gefährlich. Dagegen sind Fälle von teilweiser Freilegung und Verletzung des Gehirns durch Steinwurf oder Streifschuß an der vordern und obern Fläche des Gehirns beobachtet worden, ohne daß sie tötlich geendet haben. Allerdings ist in diesen Fällen die von dem betreffenden Gehirnteil versorgte Körperbewegung dauernd oder zeitweise ausgeblieben (Lähmung). Es folgt daraus, daß die lebenswichtigsten Zentralstellen im Gehirn nahe seiner untern

Fläche, ferner im verlängerten Mark sitzen. (Stich oder Schuß in das Genick, Verletzungen der Schädelgrundfläche sind daher besonders gefährlich.)

Vom verlängerten Mark führt als zweite Zentralstelle des Nervensystems das Rückenmark durch den knöchernen Kanal der Wirbelsäule in Form eines weichen weißen Stranges in den Rumpf herab. Im Rückenmark sammeln sich wie Telegraphenleitungen die Nervenstränge von der empfindenden Hautoberfläche einerseits, anderseits gehen von ihm Nerven zu den Muskeln, um die dem Hautreiz folgende Muskelbewegung auszulösen. Alles dies geschieht unter der Oberleitung des ersten Zentralorgans, des Gehirns.

Bei Bruch der Wirbelsäule und Quetschung des Rückenmarks beobachten wir vollständige Lähmungen in den Muskeln und in dem Gefühlsinn der Gliedmaßen gleichzeitig, beginnend unterhalb der Verletzungsstelle.

Der Sympathikus ist ein Nervengeflecht von grauer Farbe, dessen Hauptstränge mit Nervenzellenknoten beiderseits vor der Wirbelsäule durch den Rumpf ziehen. Seine Fasern gehen Verbindungen mit den Gehirn- und Rückenmarksnerven ein, versorgen aber als ein eigenes System die Brust- und Baucheingeweide sowie die Blutgefäße mit Nerven.

II. Abschnitt.

Nothilfe bei Verletzungen.

1. Erschütterung.

Erschütterung ist eine Verletzung, die keine sichtbare Veränderung in den einzelnen Körperteilen zur Folge hat.

Ursachen der Erschütterungen können sein: Fall auf den Kopf, Rücken, Gesäß, Sprung aus der Höhe bei straff gehaltenen Beinen, Stoß bei Eisenbahnunfällen, ungeschickter Sprung aus ziemlicher Höhe in das Wasser auf den platten Leib usw.

Erschütterungen der Lunge können vorübergehendes Blutspucken, Erschütterungen des Magens, der Leber und Eingeweide zeitweiliges Erbrechen von vorher genossenen Speisen oder, wenn der Magen leer ist, von grünem, gelbem (galligem) Schleim verursachen. Bei heftigen Erschütterungen, auch bei denen des Bauches, kommt kurz- oder langdauernde Bewußtlosigkeit vor. Bei Rückenmarkserschütterung finden sich nicht selten Muskel- und Gefühlslähmungen (Störungen der Harn- und Darmentleerung, der Beine) unterhalb der Verletzungsstelle auch bei vollem Bewußtsein. (Siehe Seite 20).

Erscheinungen der Gehirn- und Rückenmarks-Erschütterung sind außerdem noch Erbrechen, Pulsverlangsamung, krampfhafte Zuckungen in den Gliedmaßen oder auch todesähnliche, schlaffe Ruhe im ganzen Körper. Es kann aber sein, daß scheinbar leichten Erschütterungen mit vorübergehendem Kopfschmerz oder kurzer Benommenheit und Schläfrigkeit erst nach Tagen und

Wochen Störungen der Empfindung, der Bewegung und des Bewußtseins folgen, die meist tötlich enden.

Ich kenne Fälle von Sturz und Schlag auf den Kopf, in denen nur für einige Minuten Benommenheit eintrat. Die Gestürzten konnten nach Hause gehen, in den nächsten Tagen sich noch beschäftigen, dann folgten plötzlich heftiger Kopfschmerz, Krämpfe, Bewußtlosigkeit und Tod. Alle Bewußtseinsstörungen nach Verletzungen sind also ernstlich zu beachten. Verletzte, die auch nur eine leichte Gehirnerschütterung erlitten haben, sind immer liegend zu transportieren, auch in den nächsten Tagen noch ruhig zu halten.

Behandlung für den ersten Augenblick.

Sorge für Ruhe, Lagerung an einem kühlen, nicht zu hellen Ort in horizontaler Rückenlage; Erhöhung des Kopfes, wenn das Gesicht dunkelrot ist, Tieflagerung des Kopfes, wenn Totenblässe eintritt, sind die ersten Erfordernisse. Das Umbetten, Transportieren darf nur auf einer Trage und nur von mehreren Personen mit der größten Vorsicht ausgeführt werden, da ein Wirbel gebrochen sein und dann durch Zerrung am Rückenmark der Tod sofort eintreten kann. Auf den Kopf mache man kalte Umschläge (Eisbeutel), und gebe nichts zu trinken, weil die meisten Verletzten bei Gehirnerschütterung gar nicht oder schlecht schlucken oder doch wieder erbrechen. Tritt Erbrechen ein, so wende man den Kopf womöglich nach links und tief (siehe Seite 13, 27, 62). Weiterhin wende man äußere Reizmittel (Riechenlassen an kölnischem Wasser, Riechsalz, Besprengung des Gesichts und der Brust mit kaltem Wasser, Abreibungen der Beine) an. Rasches Öffnen aller eng anliegenden Kleidungsstücke, Halskragen, Hosenträger, Schnürbänder, Strumpfbänder ist notwendig (unter Wahrung des Anstandes).

Der Arzt ist auch bei leichten Erschütterungen sofort zu benachrichtigen.

2. Quetschung

ist eine Verletzung ohne Durchtrennung der Haut; aber Blutgefäße unter der Haut oder auch innere Körperteile können zerrissen sein.

Ursachen: Einklemmung des Körpers zwischen stumpfe Gegenstände unter großer Gewalt (Hammer, Wagen, herabstürzende Felsen oder Erdmassen) oder Aufschlagen eines Körperteils auf einen harten Gegenstand und umgekehrt (Fall vom Stuhl, Steinwurf, Stockhieb).

Erscheinungen: Verschieden schwer nach der Ursache. Anschwellen des Körperteils durch Bluterguß, Schmerzäußerung bei Bewegungsversuchen, auch Bewußtlosigkeit.

Mit Zunahme des Blutergusses kann die Bewegungsfähigkeit fast vollkommen aufhören, die Schwellung großen Umfang annehmen, z. B. am Unterschenkel, Fuß.

a) Leichter Grad: Die sogenannte blaue Beule — Bluterguß unter die Haut mit dem bekannten Farbenwechsel in den folgenden Tagen von blaurot, grün bis gelb.

b) Mittlerer Grad. Muskeln, Knochen und Gelenke sind mitgequetscht; — zunehmender Schmerz und starke Schwellung.

c) Höchster Grad: Quetschung innerer lebenswichtiger Teile.

Quetschungen des Gehirns verursachen Bewußtlosigkeit, Erbrechen, Lähmung und Pulsverlangsamung.

Quetschungen der Lunge: Bluthusten, Lungenblutung, Atemnot und Pulsbeschleunigung.

Quetschungen der Baucheingeweide: Heftiger Leibschmerz, Erbrechen, Leichenblässe, Schwäche und Beschleunigung des Pulses sowie Bewußtlosigkeit (z. B. bei Eisenbahnunglück durch Quetschung zwischen den Wagenpolstern ohne Verletzung der äußern Haut).

Behandlung. In leichten Fällen (also bei Quetschung der Haut und der Weichteile): Ruhe des gequetschten Teiles, Hochlagerung um den Rücklauf des Blutes zum Herzen zu fördern, kalte Umschläge mit frischem Wasser oder Eisbeutel. In schweren Fällen: Horizontale Rückenlage, Öffnen der Kleider. Bei Leuten, die verschüttet waren, ist vorsichtiges Reinigen des Mundes und der Nase von Erde oder Schlamm nötig. Sofortige Benachrichtigung des Arztes ist unbedingt erforderlich. Vorsicht beim Transport ist geboten, da Eingeweide zerrissen sein können.

3. Wunden.

Wunde ist eine Verletzung, bei der die äußere Haut durchgetrennt ist. Auch bei ganz geringfügiger äußerer Hautverletzung kann die Durchtrennung tief in innere Organe weitergegangen sein. Man soll also eine Hautwunde nie für unbedeutend halten.

Die Wundflächen können scharf- oder stumpfrandig (gequetscht), auch chemisch verändert (verätzt, verbrannt, vergiftet) sein.

Nach der Ursache unterscheidet man: Schnitt-, Stich- oder Hieb-, Quetsch-, Riß-, Schuß-, Biß-, Kratz-, Ätz-, Brand- und Erfrierungswunden.

Die Erscheinungen sind sehr verschieden nach der äußern Ausdehnung und der Tiefe der Wunde sowie nach der Art der verletzten Teile.

Hautwunden schmerzen meist sehr.

Scharfrandige Wunden heilen leichter als gequetschte, chemisch veränderte.

Schnittwunden bluten, je schärfer das Instrument ist, desto mehr.

Quetschwunden bluten wegen Abdrehung und Zusammenquetschung der Blutgefäße im ersten Augenblick wenig und langsam. Es kann bei Eisenbahnunfällen, bei Abreißung von Gliedmaßen durch Transmissionsriemen vorkommen, daß weniger Blut in den zerfetzten Kleidern gefunden wird als bei einer Schnittwunde am Vorderarm. Bei Abquetschung von Gliedmaßen können die weißen Sehnen und auch die großen Blutgefäße in langen, dünnen, gedrehten Strängen unter der Hautdecke zipfelförmig hervorragen.

Schußwunden zeigen meist kleine Hautverletzungen und bluten, wenn nicht gerade eine Schlagader durchrissen ist, wenig. Besonders die modernen kleinkalibrigen Vollmantelgeschosse machen kleine Eingangs- und nur wenig größere Ausgangsöffnungen in der Haut. Je kleiner das Kaliber des Gewehrs, desto kleiner die Einschußöffnung. Deshalb erfolgt bei ihnen sehr oft rasche Heilung.

Anders liegt die Sache natürlich bei Verletzung lebenswichtiger Organe, z. B. Schuß durch Gehirn, Rückenmark, Herz, Zerreißung von Eingeweiden, Durchbohrung großer Gefäße mit heftiger, andauernder innerer oder äußerer Blutung.

Innere Blutung und lähmungsartige Nervenerschütterung, Shock, werden bei derartig Schwerverletzten durch augenblicklichen Verfall der Kräfte, Leichenblässe, kühle, schlaffe Gliedmaßen, kalten Schweiß, Störung in der Atmung, Ausbleiben oder Abnahme des Pulses gekennzeichnet. Man muß den Halbohnmächtigen behutsam und vorsichtig in bequeme, ruhige Lage bringen, den Kopf eben oder mittels einer Kleiderrolle unter den Schultern tiefer legen, sofort zum Arzte schicken, inzwischen dafür sorgen, daß bei geöffneten Kleidern die Atmung frei ist. Macht der Bewußtlose Würgbewegungen, so muß sein Kopf sofort seitlich gewendet und tiefer gelagert werden (Siehe Seite 13). Erbrechen erfordert besondere Umsicht. (Siehe Seite 13, 23, 48 und 65).

Quillt aus einer Wunde stark Blut, so muß vor Ankunft des Arztes die Blutung sofort durch Aufdrücken von steriler oder antiseptischer Verbandgaze (Sublimatgaze) gehemmt und dadurch auch die Wunde vor Beschmutzung geschützt werden. (Siehe Seite 32, 40).

Bei Schuß- und Stichverletzungen in der untern Brusthälfte und Bauchgegend gebe man nichts zu trinken oder zu essen wegen der Gefahr, daß Eingeweide durchlocht sind und flüssiger Darminhalt in den freien Bauchraum dringt, dort tödliche Bauchfellentzündung erzeugt. Wenn irgend möglich, vermeide man auch jeden Transport, lasse den Verletzten in Rückenlage und unterstütze die gebeugten Oberschenkel durch Polsterung in der Kniekehle, bis der Arzt kommt.

Brustwunden können in den Brustraum hinein weiter bluten. Man drücke die sterile oder antiseptische Gaze bei Anzeichen innerer Blutung (siehe Seite 26) fest in die Wunde.

Im gleichen Fall beschwere man bei Bauchwunden außerdem noch den Gazeverband mit einem Stein oder Buch oder einer Kleiderrolle, um den Blutverlust zu bekämpfen.

Bauchverletzte überhaupt, namentlich aber bei querverlaufenden Wunden, Vorfall von Eingeweiden lagere man (wie Kranke mit Bauchfellentzündung, Brucheinklemmung) auf dem Rücken mit angezogenen Beinen, weil so die Muskeln möglichst entspannt, und die Schmerzen am geringsten sind.

Vorgefallene Eingeweide lasse man unberührt liegen und bedecke sie mit frisch ausgepackter steriler oder antiseptischer Gaze, frischausgekochten reinen Kompressen.

Ein Transport ist wie bei allen Schwerverletzten sehr schwierig und nur bei umsichtigster Leitung zu raten. Er kann das Leben sogar gefährden. (Siehe Seite 79.) Schon das Erheben des Kopfes kann dem Verletzten das Bewußtsein rauben.

Wundbehandlung. Folgende Hauptpunkte seien vorausgeschickt:

1. Der Helfer muß kaltes Blut bewahren, rasch und klar vor dem Handeln überlegen, was zu tun nötig ist.

2. Am besten ist es, die Wunde gar nicht zu berühren; jedenfalls muß zum Berühren der Verbandstoffe, welche die Wunde bedecken sollen, der Helfer seine eigenen Finger, bevor er diesen Verband auflegt, gründlich reinigen (desinfizieren) oder, wenn zur Reinigung keine Gelegenheit ist, nur mit den Fingerspitzen einen Zipfel des Verbandes anfassen und den übrigen Teil des Verbandes ohne Berührung mit den Händen auf die Wunde fallen lassen. Der Verbandteil, welcher die Wunde bedecken soll, werde unter keinen Umständen mit den Fingern angerührt oder vorher irgendwohin gelegt.

3. Viele Menschen haben die unrichtige Vorstellung, daß man auf Wunden eine ganz besonders heilkräftige Verbandgaze oder Verbandsalbe legen müsse. Der Chirurg Lister in London, der Erfinder der antiseptischen (fäulniswidrigen) Wundbehandlung, lehrt als das Wichtigste den Grundsatz: „Man lasse die Wunde allein." Alles Herumdrücken, Abwaschen, Einpulvern und Einsalben kann einer Wunde nur schaden.

Jede frische, nicht von außen verunreinigte Wunde heilt von selbst am raschesten, wenn wir nur für einen richtigen Deckverband sorgen, daß keine schädlichen Stoffe von außen in die Wunde hineinkommen, die Wunde ihre Ruhe hat und die Absonderung der

Wunde vom Verbandstoff aufgesaugt wird. Es trit alsdann Verklebung, Eintrocknung des ausgetretenen Blutes zu einer Kruste, zu einem braunen Schorf ein, unter dem die Wunde heilt. Dabei hört auch der Wundschmerz in einigen Stunden fast auf. Eine gut versorgte Wunde schmerzt also wenig. Es ist deshalb das tägliche Verbinden einer Wunde (außer bei Verunreinigung, Entzündung) eher schädlich als nützlich.

Nur einige Beispiele mögen dies erläutern:

v. Bergmann in Berlin bedeckte 1878 im Türkisch-Russischen Kriege eine große Anzahl von Kniegelenkschüssen gleich nach der Schlacht mit Salizylverband, ohne die Wunde zu berühren, und gipste das ganze Bein ein. Die Verwundeten wurden mit schlechten Karren auf beschwerlichen Wegen weiterbefördert. Er konnte sie erst nach 8—14 Tagen wieder verbinden. Die meisten der Wunden waren ohne Fieber geschlossen, die Kugeln waren eingeheilt

Im Griechisch-Türkischen Kriege 1897 sah der Verfasser Verwundete, denen bei Dhomokos der Oberschenkelknochen durchschossen war. Sie fielen vom Pferd und blieben über Nacht im Regen ohne Verband. Am nächsten Tage wurden sie in das Stunden entfernte Spital bergab transportiert. Da blieben sie wieder viele Stunden, bis die russische Ambulanz ihnen trockenen Salizyl- und Gipsverband anlegte. Unter diesem einen Verband heilten die Wunden in drei Wochen. Ich nahm selbst den Gipsverband in Konstantinopel ab.

Andere Fälle dagegen sah ich dort mit durchschossenen Unterschenkelknochen, die nachträglich vereiterten, weil einige Wochen nach der Verletzung mit der Sonde nach der Kugel gesucht worden war. Der Einschuß entzündete sich. Die Kugel aber saß weiter unten im Knochenschußkanal ohne Eiterung eingeheilt.

4. Endlich haben viele Menschen vor einer Blutung große Furcht und meinen, da müßten vielerlei Vorkehrungen getroffen werden, um das Blut zu stillen. Das sind auch falsche Vorstellungen.

Der beste Beweis für meine Behauptung ist, daß der Chirurg viele Wunden unter einem einzigen Verband innerhalb von acht bis vierzehn Tagen heilen läßt, ohne den Verband nur ein einziges Mal zu wechseln. Der Verfasser hat z. B. nach den Gefechten bei Krügersdorp und Johannesburg im Jahre 1900 verwundete Buren vom Schlachtfeld weggeholt, hat ihnen (bei Schußverletzungen durch die Brustmuskeln, das Schlüsselbein, den Oberarm, Ober- und Unterschenkel, die Leber, die Harnblase) die blutigen Kleider an Ort und Stelle vom Leibe geschnitten, über die Wunden, ohne vorher die umgebende Haut zu reinigen, — es gab überhaupt kein Wasser zum Reinigen — besonders reine Verbandgaze gelegt und fest zugebunden. Die Wunden waren rasch ohne weitere Blutung, ohne Entzündung, Eiterung oder Fieber, ohne jede Operation von selbst verkrustet.

Reine Verbandgaze wird dadurch gewonnen, daß sie bei 110° C unter etwas mehr als 1 Atmosphäre Druck im Dampfkessel während einer Stunde der Einwirkung des Wasserdampfes ausgesetzt wird. Sie ist also ähnlich wie die Kindermilch im Soxhlet-Apparat sterilisiert, d. h. die etwa ihr anhaftenden mikroskopisch kleinen, pflanzlichen Lebewesen, welche die Wundentzündung und Wundvergiftung verursachen und die Wundeiterung zur Folge haben, sind vorher durch den Wasserdampf vernichtet.

Diese mikroskopischen Pflanzen sind einzellig und vermehren sich durch Teilung, daher ihr Name Spaltpilze. Sie haben verschiedene Formen; viele besitzen Stäbchenform (daher die Bezeichnung Bakterien, Bazillen[1]). Gewisse Arten dieser Spaltpilze verursachen das Sauerwerden der Milch, die Fäulnis des Fleisches. Eine gewöhnliche Verbandgaze, ein gewöhnliches Stück Leinwand, Taschentuch usw., wenn diese Stoffe auch noch so rein aussehen, sind, weil ihnen mit dem Staub aus der Umgebung die genannten Krankheitserreger anhaften können, im chirurgischen Sinne nicht rein: sie sind nicht sterilisiert[2]), dürfen also mit einer Wunde nicht in Berührung kommen. Sie müssen, wenn die Wunde mit ihnen mangels einer sterilisierten Gaze

¹) Bacillus, *βακτήριον* Stäbchen.

²) sterilis unfruchtbar, keimfrei.

bedeckt werden soll, kurz vorher entweder eine halbe Stunde in Wasser gekocht werden (frisch gewaschen, gebügelt sein) oder mit einem antiseptischen[1] (fäulniswidrigen) Stoffe, d. h. einem pilztötenden Mittel, getränkt sein. Das Erste nennen wir die physikalische Desinfektion durch Hitze, das Zweite die chemische.

Antiseptische Stoffe, chemische Desinfektionsmittel, ihrer starken und reizenden (giftigen) Wirkung nach geordnet, sind: Sublimatwasser 1 : 1000, Karbolwasser 3—5 : 100, Kreosolseifengeist-, Lysoform-, Lysolwasser 3: 100, 5 % Jodtinktur, starker Weingeist, Bleiwasser mit Spiritus (Goulardisches Wasser), Borsäurewasser 3 : 100, Salizylsäurewasser 1 : 300, 2—4 proz. essigsaure Tonerdelösung, übermangansaures Kaliwasser 0,5—2 : 100, Collargol (metallisches Silber in Plättchen, mit etwas Wasser aufgeschwemmt oder ganz in die Wunde gelegt) u. a. m. Kalischmierseife mit Wasser verdünnt wirkt ebenfalls stark desinfizierend. Die Reinigung der äußern Haut nahe der Wunde mit warmem Seifenwasser ist also nicht schädlich. Alle spaltpilztötenden Stoffe vernichten aber nicht allein die Pilze, sondern sind auch in starker Lösung den Zellen des menschlichen Körpers schädlich; sie reizen, ätzen, wenn sie zu stark und zu lange angewendet werden, die Wunde.

Für den **Notverband**, den Laienhände auf eine frische Wunde legen, genügt Sublimatgaze oder sterile Gaze in allen Fällen. Auch kann man die Wunde einmal mit 5 % Jodtinktur, die in einem zugeschmolzenen Glasröhrchen mit dem Notverband verpackt sein kann, betupfen. Doch erfordert auch ihre Anwendung wegen der ätzenden, zu Ausschlag reizenden Eigenschaft Vorsicht, sie ist für Höhlenwunden nicht geeignet.

[1] ἀντὶ σῆψιν gegen Fäulnis.

Wenn man demnach bei einer frischen Verletzung vor Ankunft des Arztes helfen will, so wasche man sich selbst womöglich zuerst mit heißem Seifenwasser in einem reinem Gefäß gründlich die Hände, bürste die eigenen Fingernägel, Finger und Hände mit ausgekochter Bürste genau ab. Hat man Karbolwasser, Sublimatwasser oder Brennspiritus zur Hand, so sind diese zur weitern Reinigung der eigenen Hände zu gebrauchen; dann aber trockne man sich die Hände nicht ab, sondern ergreife mit den reinen, nassen Fingerspitzen, ohne vorher noch irgend etwas andres berührt zu haben, ein Stück eben frisch ausgepackter Sublimatgaze oder sterile Gaze und wische damit von den Hauträndern der Wunde allenfalls anhaftenden Schmutz ab. Ist die Wunde mit Erde u. dgl. verunreinigt, so lasse man über die Wunde Sublimat- 1 : 1000 oder Karbol- 3 : 100, im Notfall frisches Leitungs- oder Quellwasser aus einem reinem Gefäß, besser frisch abgekochtes Wasser für einige Augenblicke laufen. Dann bedecke man die Wunde mit trockener Sublimatgaze in mehrfacher Schicht. Darüber kommt eine dünne Lage Verbandwatte. Das Ganze wird mit einer Binde oder einem bindenförmig zusammengelegten Tuch gut anliegend befestigt. (Siehe Seite 38 und 39.)

An der Wunde selbst wird nichts berührt, nichts gedrückt. Hervorstehende Sehnen, Fetzen von Bindegewebe oder Knochenteile werden nicht abgeschnitten oder hineingedrückt. Ebensowenig wird Blutgerinnsel abgewischt. Dadurch würde neue Blutung hervorgerufen werden. Die Untersuchungen des Hygienikers Hans Buchner haben auch ergeben, daß das Blut Spaltpilze in ziemlich bedeutender Menge tötet, also die Wunde reinigt. Bei Schußwunden z. B. trocknet dieses Blutgerinnsel unter der trockenen Sublimatgaze rasch ein und verkrustet ohne Eiterung.

Ist keine Binde zur Hand, um die Verbandgaze am Körper zu befestigen, so kann man über die trockene Sublimatgaze, welche die Wunde bedeckt, einen Streifen antiseptischen (Zink-) Heftpflasters um den Körperteil herumlegen. Heftpflaster allein darf auf Wunden nicht aufgelegt werden, da es das Absondern und Eintrocknen der Wundflüssigkeit hindert. Fehlerhaft, schädlich ist es, gewöhnliche (hydrophile[1]) Verbandgaze, Wundwatte u. dgl., wenn sie nicht vorher ausgekocht (sterilisiert) oder mit antiseptischem Mittel getränkt ist, auf Wunden zu legen. Gaze ist aber in allen Fällen der Watte vorzuziehen, weil die Fasern der letzteren zu stark mit der Wunde verfilzen.

Fehlt reine antiseptische oder sterile Verbandgaze, und steht als Notbehelf kein frisch gewaschenes, gebügeltes oder kurz vorher ausgekochtes Weißzeug zur Verfügung, so ist es besser auf die Wunde gar nichts zu legen, ihre Oberfläche an der Luft austrocknen zu lassen (natürlich unter Ausschluß der Fliegen). Auch so bildet sich auf der Wunde in kurzer Zeit eine meist trockene Schichte, welche das Eindringen schädlicher Stoffe erschwert.

Verwundete Körperteile sind immer ruhig, recht hoch zu legen und in ihrer ganzen Länge durch eine weiche, bequeme Unterlage zu stützen. Diese Ruhe kann durch Einlegen eines Holz- oder Pappestreifens (Schiene) in den Verband gesichert werden.

Nach dem Notverband übergebe man den Verwundeten sofort ärztlicher Behandlung. Die erste Hilfe soll ja nur Hilfe für die Not sein. Aber gerade diese Nothilfe muß richtig geleistet werden; denn hierbei gemachte Fehler stören sehr oft den weiteren Wundverlauf. Sie sind später nur durch chirurgische Eingriffe oder gar nicht mehr gutzumachen.

[1]) Hydrophile von ὕδωρ Wasser und φιλεῖν lieben.

Zu schneller Bereitung des Sublimatwassers hat v. Angerer rotgefärbte Sublimatplätzchen zu 1 oder $^1/_2$ g Gehalt empfohlen. Sie sind sehr giftig. Blaue Pastillen der Oxycyanat-Quecksilberverbindung wirken weniger ätzend auf Wunden, Haut und Instrumente.

Antiseptische Pastillen ziehen leicht Feuchtigkeit aus der Luft, geben daher, wenn sie in Schachteln liegen, unter Umständen einen giftigen Brei. Sie sollen in Glasgefäßen gut verschlossen mit der Bezeichnung „Gift" so verwahrt werden, daß Unberufene nicht dazu kommen. Es sind schon Verwechslungen mit Zuckerplätzchen und innerlich zu gebrauchenden Arzneipastillen vorgekommen. Auch konzentrierte, flüssige Karbolsäure, die sich am Licht rot färbt, und Lysol sind mit Sirup verwechselt worden. Dem Apotheker ist daher die Vorschrift gemacht, giftige Substanzen zu äußerlichem Gebrauche nur in sechseckigen, gerippten, meist gelben Gläsern mit Aufschrift auf rotem Papier und der Bezeichnung „Vorsicht" abzugeben.

Warnen möchte ich noch vor dem mit Guttapercha gedeckten, nassen Verband (Umschlag) von Sublimat- oder Karbolwasser. Solche feuchte Verbände können, wenn sie einige Tage hindurch fortgesetzt werden, schwer zu heilende Hautausschläge, sogar das Absterben von Hautstücken, ja von ganzen Fingern zur Folge haben. —

Verbände. Die Befestigung kleiner Stücke Sublimat- oder Sterilgaze kann auch geschehen durch chirurgisches Heftpflaster (von Helfenberg, Leukoplast von Bayersdorf), die auf der warmen, trockenen Haut von selbst kleben. Englisches Heftpflaster ist ein Seidenstoff, der mit Hausenblase und einem Antiseptikum bedeckt ist. Es darf nur mit reinem Wasser, nicht an der Zunge, befeuchtet und nur auf ganz kleine, oberflächliche, frische Wunden geklebt werden.

Es gibt gebrauchsfertige, handliche Schnellverbände in verschiedenen Größen für Notfälle in dauerhafter, reiner Packung (wasserdicht, staubfrei), mit Pappe, Blech, nichtentfetteter Baumwolle, Pergamentpapier oder Segeltuch umhüllt. Sie sind samt Umhüllung sterilisiert, enthalten Gaze in kleiner Menge zur Wundbedeckung, auch als Fingerling zum Überschieben, (nach R. Zeit) ferner eine Mullbinde zur Umwicklung. Beim Auspacken verfahre man nach der aufgedruckten Gebrauchsanweisung und berühre den Verband nur äußerlich, damit wirklich reine innere Flächen auf die Wunde zu liegen kommen. Die Berufsgenossenschaften empfehlen sie den gewerblichen Betrieben und die

Eisenbahnverwaltungen haben sie in die Rettungskästen der Züge und Stationen aufgenommen. Unsere Soldaten tragen jederseits im Rockschoß ein derartiges Segeltuchpäckchen eingenäht, das eine doppelköpfige Binde enthält. Man faßt jeden Bindenkopf außen, wo er mit „Hier" bedruckt ist, und löst durch Auswärtsziehen die leicht mit einem Faden umschnürten Bindenköpfe; dadurch entfaltet sich eine auf der Bindeninnenfläche aufgenähte Sublimatgazeschicht und breitet sich sofort ohne weitere Berührung über die Wunde, sobald man die beiden Bindenköpfe unter Anspannen gleichzeitig, aber in entgegengesetzter Richtung, kreisförmig um den verwundeten Körperteil herumführt und festschnürt. Die Hauptvorzüge dieser Schnellverbände liegen darin, daß sie immer gebrauchsfertig sind und ohne vorherige Reinigung der Hände vom Nothelfer angelegt werden dürfen, wenn nach der ihnen aufgedruckten Anweisung verfahren wird.

Zur Bedeckung ausgedehnter Wunden nimmt man Steril- oder Sublimatgaze in Meterpackung, über die dann Watte gelegt und eine Mullbinde gewickelt wird. Diese Binden sind aus etwa 5 m langen Gazestücken in verschiedener Breite geschnitten. Das Aufwickeln der Binde geschieht in der Weise, daß man das eine Ende mehrmals zu einer kleinen festen Rolle zusammenlegt. Diese nimmt man an den schmalen Seiten zwischen Daumen und Mittelfinger der rechten Hand, ihren aufzuwickelnden Teil läßt man zwischen Daumen und Zeigefinger der linken Hand über den Handrücken herabhängen; dann dreht man die Bindenrolle mit den Fingern der rechten Hand nach rechts und übt gleichzeitig einen straffen Zug auf das zwischen Daumen und Zeigefinger der linken Hand gleitende Bindenstück aus, so daß die Binde recht fest gerollt wird. Einfacher wird die Binde über einen dünnen runden Stab (Bleistift) auf einem Tisch mit der flachen Hand aufgerollt.

Beim **Anlegen des Verbandes** stellt man sich nahe an die verletzte Körperseite. Das Platzwechseln ist tunlichst ganz zu vermeiden. Der einzuwickelnde Körperteil wird (wenn möglich durch einen Gehilfen) mittels Hohlhandgriff von untenher in der gleichen, bequemen Stellung gestützt, in welcher der Körperteil nach Anlegung des Verbandes bleiben soll. Der Fuß eines verletzten Beines stehe zum Unterschenkel rechtwinkelig, das Knie sei leicht gebeugt, der Oberschenkel gestreckt, das Ellenbogengelenk sei rechtwinkelig gebeugt, die Hand und die Finger werden gestreckt. Alle Gliedmaßen werden immer vom freien Ende aus in der Richtung zum Herzen eingewickelt.

Die Binde darf nie zu fest angelegt werden; eine etwas lockere Einwicklung kann wenigstens nicht den Schaden bringen wie eine Abschnürung, namentlich in der Ellen- und Kniebeuge oder in der Achselhöhle. Diese Stellen sollen vorher mit Watte ausgepolstert werden. Die richtige Festigkeit beim Anlegen gibt vor allem das Gefühl des Kranken selbst; er darf nie über Druck des Verbandes klagen.

Der Nothelfer faßt mit Daumen, Zeige- und Mittelfinger der rechten Hand die Binde so, daß der Bindenkopf in der Hohlhand liegt. Mit Daumen und Zeigefinger der linken Hand ergreift er, während die letzten drei Finger derselben Hand den auf der Wunde liegenden Verbandstoff oder die gepolsterte Schiene an den verletzten Körperteil sanft andrücken, das freie Ende der Binde. Dies legt er schräg an das einzuwickelnde Glied an und wickelt um dessen Umfang die Binde von links nach rechts so herum, daß er in die sich abwickelnde Binde hineinsieht. Das auf dem Verbandstoff liegende Ende der Binde wird so lange mit dem linken Daumen festgehalten, bis es, durch einen oder mehrere Kreisgänge der Binde befestigt, nicht mehr rutschen kann. Der Bindenkopf muß straff angezogen, in der Nähe des einzuwickelnden Körperteils beim Umkreisen gehalten werden. Zum Schlusse wird das Ende der Binde mit einer Sicherheitsnadel an den letzten Bindengängen angesteckt oder eingerissen und mit den zipfeligen Enden nicht zu fest um den Verband geknotet. Der Knoten soll nie auf der verletzten Stelle liegen. Wenn auch, zur sofortigen Befestigung der Verbandstoffe auf der Wunde, die ersten Bindengänge über die Wundstelle weit oben am Körperteil, nicht nahe an seinem freien Ende angelegt sind, so ist doch mit den folgenden Gängen immer die Einwicklung vom Körperende in der Richtung zum Herzen anzustreben.

Eine am Körper liegende Binde darf nie nachträglich befeuchtet werden, da sie dann schnürt.

Vor Anlegung einer Schiene soll womöglich der ganze Körperteil in der Richtung zum Herzen mit einer Binde eingewickelt werden. — Das Anlegen des Verbandes muß behutsam ohne Rütteln oder Zerren geschehen.

Die Binde kann angelegt werden als:

1. Kreisbinde, bei der ein Gang den andern deckt, gewöhnlich nur am Anfang des Verbandes zur Befestigung der Gaze auf der Wunde oder am Schlusse der Einwicklung, besonders aber zur Befestigung des Verbandes um Kopf, Brust und Bauch verwendet;

2. Spiralbinde, bei der sich die einzelnen zueinander parallel herumlaufenden Umgänge etwa zur Hälfte decken, gewöhnlich zum Einwickeln der Gliedmaßen gebraucht;

3. Kreuzgang, angewendet bei Einwicklungen, die über ein Gelenk weggehen.

a) Die Bindengänge kreuzen sich in der Gelenkbeuge immer an der gleichen Stelle, während abwechselnd ein Gang oberhalb und einer unterhalb des Gelenkes so herumläuft, daß die Form eines liegenden Achters ∞ entsteht z. B. von der Ellenbeuge abwechselnd um Ober- und Vorderarm; von der Kniekehle aus um Ober- und Unterschenkel, vom Fußrücken um Fußgelenk und Fußsohle.

b) Die achterförmigen Gänge liegen in der Kreuzungsstelle nicht aufeinander, sondern stets der folgende etwas höher oder tiefer als der vorhergehende (so am Handrücken mit dem einen Achtergang um die Mittelhand, dem andern um das Handgelenk, auf der Schulter mit dem einen Achterkreis um den Oberarm, dem andern um Brust und Rücken, in der Leisten- und Hüftgegend mit der einen Achterschleife um Oberschenkel, der andern um Bauch und Becken). —

Die Bindeneinwicklung des Armes beginnt mit einigen Kreisgängen einer schmalen Binde um das Handgelenk und geht dann schief über den Handrücken abwärts zu einer Fingerspitze. Jeder Finger wird mit Spiralgängen aufwärts eingewickelt. Die Fingerspitze wird ebenso wie jeder Amputationsstumpf, durch mehrere senkrechte, mit der Körperachse gleich verlaufende Umschläge gedeckt. Nach jeder Einwicklung eines einzelnen Fingers folgt wieder ein schiefer Gang über den Handrücken zum Handgelenk, das wieder mehrmals kreisförmig umwickelt wird, usw.

Die Einwicklung der Hand geschieht in der Weise, daß ein Achtergang die Hohlhand quer durchzieht, den Handrücken kreuzend zum Handgelenk geht und dort den anderen Achtergang um dieses Gelenk bildet; die des Vorderarmes mit Spiralgängen; die des gebeugten Ellenbogens mit Bindengängen, die sich (nach a) in der Ellenbeuge kreuzen; die des Oberarmes mit Spiralgängen, die der Schulter mit Kreuzgängen (nach b), die in aufsteigender Reihe auf der Schulterhöhe liegen, von da über den Rücken durch die entgegengesetzte Achselhöhle über die Brust zurücklaufen und um die einzuwickelnde Schulter und den Oberarm gehen.

Ähnlich ist der Verband des Beines: Die Zehen werden frei gelassen oder durch dazwischengelegte Watte gepolstert und insgesamt eingewickelt; dann folgen die Achtergänge um das Fußgelenk unter Kreuzung auf dem Fußrücken, dann die Spiralgänge des Unterschenkels, hierauf die Kreuzgänge der Kniekehle (nach obigen Angaben unter a), die Spiralgänge des Oberschenkels, der Kreuzgang um Hüfte und Leib (nach obigen Angaben unter b) usw.

Der Rumpf wird durch Zirkelgänge, zwischen die einige Kreuzgänge von der einen Seite schräg über die Brust zur Schulter der anderen Seite und schräg über den Rücken zurück zur Schulter eingeschaltet sind, verbunden.

Für den Kopf ist die vollständigste Einwicklung die Halfterbinde, deren einzelne Gänge man je nach Lage der Wunde vermehren, auch etwas aneinander verschieben kann. Das Bindenende wird mit dem linken Daumen auf der Scheitelhöhe festgehalten. Der Bindenkopf umkreist alsdann vor oder hinter dem linken Ohre senkrecht vorbeilaufend das Kinn und kehrt am rechten Ohr vorbei zum Scheitel zurück. Von da läuft der zweite Gang schief abwärts um das Hinterhaupt, wendet sich vom Nacken nach vorn wagrecht über das Kinn, kehrt in die Nackengrube zurück und steigt wieder schief zum Scheitel empor. Nun geht man, den Bindenkopf straff abwickelnd, wieder in die Nackengrube, von da wagrecht um Hinterhaupt und Stirn, diese Kreisgänge einige Male wiederholend. Will man zum senkrechten Scheitelgang zurück, so liegt die Kreuzung immer in der Nackengrube. (Siehe Fig. 23 S. 77.)

Bei der Augenbinde wird zunächst ein Zirkelgang wagrecht um Stirn und Hinterhaupt gelegt, alsdann geht der Bindenkopf von der Stirne schräg über den auf dem kranken Auge liegenden Verbandstoff zur Wange, unter dem Ohr dieser Seite vorbei über den Nacken und von hier oberhalb des Ohres der gesunden Seite vorbei über die Stirn wieder zum kranken Auge herab usw., bis dieses ganz zugedeckt ist. Den Schluß bilden einige Kreisgänge um Stirn und Hinterhaupt. Ganz besonders vertraut aber muß sich der Nothelfer machen mit den Tuchverbänden, weil Halstücher usw. am ehesten zu beschaffen sind.

Das dreieckige Tuch (S. 44 Fig. 13, S. 72 Fig. 16 u. s. w. bis S. 77 Fig. 25) wird verwendet:

I. Wie eine Kravatte in der Längsrichtung gefaltet, z. B. um den Hals gewickelt; als senkrechtes oder wagrechtes Kinntuch (beide Formen auch zu gleicher Zeit: das erste als Zahnbund auf dem Scheitel geknüpft, das zweite im Nacken, beide aneinander seitlich in der Wangengegend mit Sicherheitsnadeln befestigt); als Stirn-Augenbinde; als Druckbinde kreisförmig um die Mitte des Oberarmes bzw. Oberschenkels laufend; als mehrfache Kreisbänder um Ober- und Vorderarm oder um Oberschenkel und Unterschenkel laufend, auch zur Befestigung von Schienen an diesen, zur Befestigung der beiden Knie oder Knöchel aneinander; als Steigbügel quer über die Sohlenmitte und in Achtergang über Fußrücken und Knöchel (siehe Fig. 24 S. 77) als Armtragbinde um das Handgelenk und den Nacken geschlungen.

II. Als offenes Dreieck ausgebreitet zum Bedecken von Verbandstoffen an allen Körperteilen. Die einzelnen Zipfel werden ein- oder umgeschlagen, miteinander geknotet oder zusammengeheftet: z. B. als Armtragtuch, als Brust-, Rücken-, Schultertuch, als Becken-, Hüfttuch, als Kopftuch, für die weibliche Brust als Tragtuch, als Kreuzbeinbinde, als Einhüllung der Hand und des Fußes, als Ellenbogen- und Knietuch, als Bedeckung eines Amputationsstumpfes usw.

Der Knoten der geknüpften Tuchzipfel darf nirgends die Haut drücken. Zur Vermeidung dieses Druckes nimmt man beim Knotenschlingen den einen Zipfel länger. (S. 74 Fig. 18 und S. 77 Fig. 23).

Beim Einschlagen der Gliedmaßenenden legt man z. B. die verletzte Hand in die Mitte des Tuches, so daß sein kurzer Zipfel nach vorn gerichtet ist, und schlägt diesen über den Handrücken herauf. Die beiden langen Zipfel werden seitlich längs gefaltet, über dem Handrücken gekreuzt, so daß sie den kurzen Zipfel halten, und dann um das Handgelenk geknotet.

Das große dreieckige Armtragtuch dient zur Ruhigstellung des Armes und Schultergürtels bei rechtwinkelig gebeugtem Ellenbogengelenk. Es wird der kurze mittlere Zipfel des dreieckigen Tuches unter das Ellenbogengelenk so gelegt, daß er außen, hinten über den Ellenbogen noch hinausragt. Von den langen Zipfeln kommt der dem Körper anliegende hintere über die Schulter der gesunden, der vordere über die Schulter der kranken Seite; beide Zipfel werden im Nacken des Verletzten geknüpft. Der mittlere Zipfel wird über das Ellenbogengelenk nach vorn geschlagen und mit einer Sicherheitsnadel festgesteckt.

Auch viereckige Tücher können zum Einlegen des rechtwinklig gebogenen Armes, zur Befestigung des Armes am Rumpf, zum Einschlagen des Bauches, zum Einrollen des Beines von beiden Seiten verwendet werden. (Siehe S. 74 Fig. 19.)

Lagerung, Heben und Halten:

Vor jedem Verbande muß der Verletzte an einem ruhigen Ort, auf eine Trage oder Bettstelle bequem gesetzt oder gelagert werden. Lagerung auf dem Rücken oder der gesunden Seite bei etwas erhöhtem Kopf behagt am meisten; Kranke mit Brustschmerzen liegen allerdings oft lieber auf der verletzten Seite. Bei Blutarmut des Gehirns ist der Kopf tiefer zu legen; bei Unterleibsblutungen ist das Becken erhöht, bei Bauchverletzten sind die Beine gebeugt zu lagern; verletzte Gliedmaßen befinden sich in Hochlagerung am besten.

Vom Helfer müssen die verletzten Teile richtig gefaßt, sanft gehoben und ruhig gehalten werden. Die Kranken fühlen sehr, wer mit zarter Hand

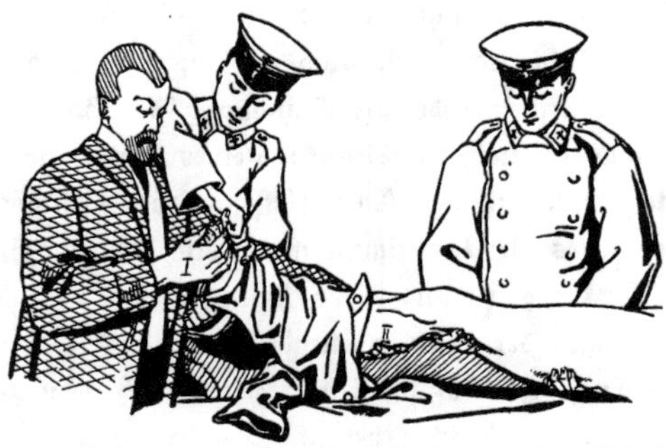

Fig. 9 zeigt, wie das Hosenbein an zweiter Stelle über das verletzte Bein herabgezogen wird, während Hand I den rechtwinkelig gestellten Fuß außen, Hand II die Wade stützt. Der Oberschenkel wird mit Untergriff gehalten.

beim Verbandwechsel oder Transport helfen kann. Damit kann dem Kranken viel Schmerz erspart, dem Arzte die beste Unterstützung geleistet werden.

Schon vorher muß ruhig überlegt sein, was zum Verbande notwendig ist: es soll alles Nötige an Verband, Schienen usw. rasch vorbereitet, und die nötige Beihilfe beschafft sein. Erst dann faßt man (am besten zu zweit) den Körperteil ober- und unterhalb der kranken Stelle im Untergriffe mit der ganzen Hohlhand an und hebt ihn auf Kommando gleichzeitig langsam und sicher unter Anwendung von etwas Zug und Gegenzug empor. Die zufassenden Hände liegen also unter dem verletzten Teil, tragen ihn sicher als Ganzes ohne ihn zu drücken. Soll dabei der Verletzte die Kleider ausziehen, so muß er zuerst auf der gesunden Seite herausschlüpfen, dann stülpt man sie ihm langsam über den ruhig gestützten, verletzten Körperteil unter vorsichtigem Handwechsel (siehe Fig. 9); die eine Hand darf ihn nicht eher loslassen, als bis die andere mit Untergriff nachgerutscht ist. Der verletzte Arm wird dabei im rechten Winkel gebeugt, am Oberarm und Vorderarm gehalten; die stützende Hand am Vorderarm greift beim Verlassen des Rockärmels weiter nach unten und stützt die Hand, damit der Vorderarm nicht herabsinkt.

Das verletzte Bein wird unter gleichmäßigem, sanftem Zug gestreckt gehalten; ein Helfer umfaßt mit beiden Händen das Bein oberhalb der Verletzung, der andere zieht den Stiefel in der Längsrichtung von dem wagrecht unterstützten Bein langsam, ohne zu hebeln, ab. Verläßt der Stiefel die Ferse, so stützt der erste Helfer mit der einen Hand die Ferse; nun erst wird der Zug am Stiefel nach oben gerichtet.

Beim H a n d a n l e g e n darf nie plötzlich stoßend und roh, aber auch nicht ängstlich zugefaßt werden, sondern langsam sind die Hände durch Wegdrängen der Unterlage unter den verletzten Teil flach zu schieben. Erst wenn beide Hände sicher gefaßt haben, darf aufgehoben werden. Wenn zwei Personen zugleich heben, müssen sie aufeinander achten, gleichzeitig hochheben. Ihre Hände sollen womöglich nicht naß und nicht kalt sein. Man stehe dabei nicht weit ab, sondern mit halbgebogenen Armen nahe am obern und untern Körperende des Verletzten, am besten seitlich rückwärts an seiner gesunden Körperhälfte, so daß der Verbindende auf der andern Seite Platz finden kann.

Ermüden die haltenden Hände, so darf nur so gewechselt werden, daß der verletzte Körperteil durch eine ausgeruhte Hand v o r h e r eine neue Stütze an einer weiter oben oder unten gelegenen Stelle gefunden hat. Das gleiche gilt für das Handwechseln, wenn für einen Bindengang oder eine Schiene eine bestimmte Körperstelle frei gemacht werden soll.

Ganz verfehlt ist es eine Hand plötzlich wegzuziehen, um vielleicht in anderer Weise beim Anlegen der Schiene usw. zu helfen. Jeder u n v o r b e r e i t e t e H a n d w e c h s e l gibt dem Verletzten einen Ruck und verursacht ihm die größten Schmerzen. Auch das unruhige Hin- und Hertreten mit den ermüdeten Füßen erschüttert.

Blutung. Es ist selbstverständlich, daß man bei einer Verwundung sofort nach der Blutung sieht und, wenn der Verletzte schon viel Blut verloren hat, den Puls fühlt, ob dieser durch die erste Blutung schon recht klein geworden ist. Aber man beherzige auch folgendes: Jede Wunde blutet aus den geöffneten, feinsten Blutgefäßen. Doch ist eine solche Blutung, wenn das Blut langsam und nicht zu reichlich über die Haut herabrieselt, nicht gefährlich. Sie steht, wenn die Wunde mit trockener Sublimatgaze bedeckt wird, hierauf sofort der Körperteil mit einer Binde in der Richtung zum Herzen hin mäßig fest eingewickelt, und bei horizontaler Rückenlage des Verletzten längere Zeit senkrecht in die Höhe gehalten wird.

Verwerflich ist das Auflegen von Spinnweben auf blutende Wunden, das Verbinden mit gelber, sogenannter blutstillender Watte oder ähnlichen blutstillenden Mitteln (Feuerschwamm). Manche von diesen ätzen die Wunde, alle können Eiterung verursachen.

Ebenso verwerflich ist es, den verletzten Körperteil bei jeder geringfügigen Blutung mit einem Bindfaden abzuschnüren; wenn diese Abschnürung über eine Stunde dauert, kann Brand eintreten. Unnötig ist es, den einmal angelegten, gut sitzenden Verband alsbald wieder zu erneuern, um nachzusehen, ob es noch blutet. Schlägt die Blutflüssigkeit rot an einer kleinen Stelle des Verbandes durch, so kann man noch etwas Gaze oder besser Watte auf den ersten Verband unter festerem Druck aufbinden. Wechselt man den ganzen Verband sofort wieder, so reizt man dadurch die Wunde; ihre Ränder werden auseinander gezogen, durch die Unruhe strömt mehr Blut in die Wunde, die Quelle der Blutung wird dadurch nur vergrößert.

Quillt das Blut in dunkelrotem Fluß gleichmäßig stark aus der Wunde (Blutung aus Blutadern), so müssen alle Kleidungsstücke (Strumpfbänder, siehe Fig. 8 Seite 19, Leibriemen), welche den Rücklauf des Blutes zur rechten Herzkammer hemmen, entfernt werden z. B. bei Blutung aus Krampfadern an den Beinen. Der verletzte Körperteil wird in die Höhe gehoben, dann auf die Wunde ein kleiner Bausch Sublimatgaze fest aufgedrückt und ziemlich fest vom freien Ende des Körperteils her in der Richtung zum Herzen mit einer Binde eingewickelt. Auf diese Weise werden auch Blutungen aus kleinen, hellrot spritzenden Schlagadern an den

Fingern, der Hand, am Fuß, im Gesicht, oder aus der Kopfschwarte gestillt.

Das fortwährende Auswaschen, Abtupfen einer blutenden Wunde mit immer gewechselter Sublimatgaze ist ganz verkehrt; es kostet nur mehr Blut. Das beste bleibt in solchen Fällen immer: die Gaze sofort rasch und fest aufbinden und den verletzten Körperteil recht hochlegen.

Der auf blutende Wunden gelegte Verbandstoff sei nie zu reichlich bemessen, weil durch einen zu dicken Verband eine Nachblutung übersehen werden kann. Es ist also auch unzweckmäßig, dicke Watteschichten oder mehrfache Lagen von Tüchern um den blutenden Körperteil herumzuwickeln, weil diese die Blutung nur verdecken, sich in den nächsten Stunden mit Blut erst vollsaugen, die Blutung nicht verhindern und eine Nachblutung nicht frühzeitig genug erkennen lassen.

Bei starken Blutungen aus Schlagadern ist es das beste, den verletzten Körperteil so hoch als möglich zu lagern und den reingewaschenen Finger (wenn möglich mit einem Bausch frischer, trockener Sublimatgaze) bis zum Stillstand der Blutung beziehungsweise zur Ankunft des Arztes in die blutende Stelle fest hineinzudrücken.

Eine solche Art der Blutstillung ist zu empfehlen bei Blutungen am Halse, Bauch oder an der Brust, wo eine Umschnürung (siehe Seite 45) nicht stattfinden darf. Hierbei ist darauf zu achten, daß die Atmung nicht unterbrochen wird.

Dieser starke Druck ist nicht anzuwenden bei Blutungen aus der Gehirnmasse, besonders in der Schläfengegend. Dadurch könnte das Gehirn zerstört und die Blutung in dieses hineingetrieben werden.

In der Wunde steckende Messerklingen, Glassplitter usw. dürfen wegen der Gefahr einer Nachblutung nicht herausgezogen werden.

Außerdem soll die zuführende Schlagader, die von der linken Herzkammer kommt (also zwischen Wunde und Herz), entweder mit der Hand bei Blutungen am Hals und Kopf oder auch mit einer schnürenden Binde bei Blutungen an den Gliedmaßen zusammengedrückt werden. Das Zusammendrücken durch die

Hand geschieht mittels des zweiten, dritten und vierten Fingers oder der Daumen beider Hände an bestimmten Körperstellen, wo die Pulsader leicht zu fühlen ist und gegen Knochen angepreßt werden kann.

Am Oberarme wird die Schlagader an der Innenseite des großen Beugemuskels [Biceps] (Fig. 10 Seite 44), auf den unterliegenden Knochen gedrückt, am Halse rechts oder links vom Kehlkopf auf die Wirbelsäule (Fig. 11) von vorn nach hinten. Die Schlüsselbeinschlagader findet der Finger oberhalb des Schlüsselbeins und drückt sie nach unten und vorn in der unteren Halsgegend (Fig. 12 Seite 45)

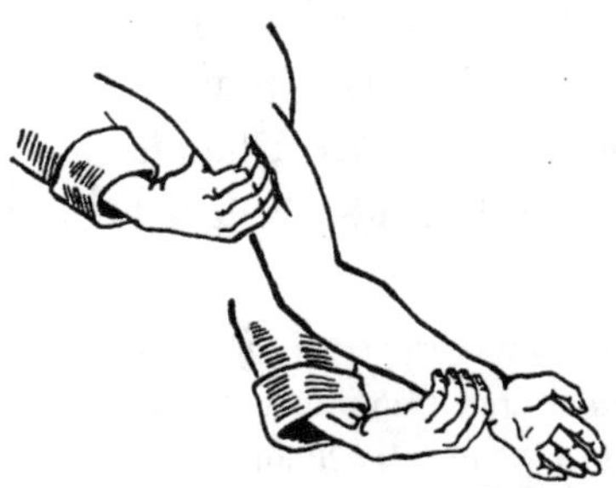

Fig. 10. Andrücken der Oberarmschlagader an den Knochen mit der Hand einwärts des Beugemuskels. Pulsfühlen am Vorderarm.

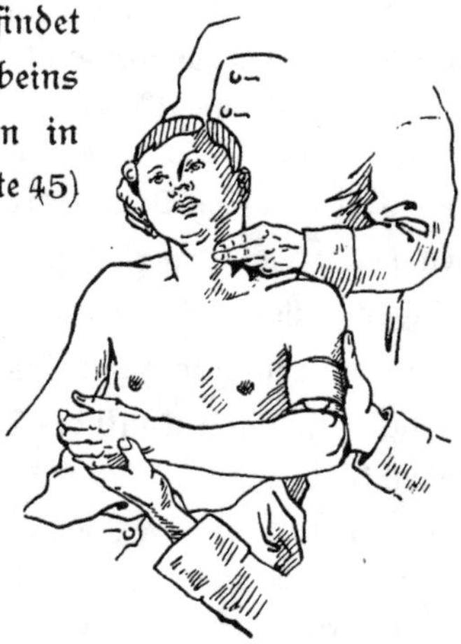

Fig. 11. Andrücken der Halsschlagader in der seitlichen Halsgegend an die Wirbelsäule mit dem Zeige- und Mittelfinger sowie Halten des Oberarmes und der Hand mit Untergriff nach Anlage einer Aderpresse am Oberarm im unteren Drittel.

gegen die erste Rippe. Die Achselschlagader drückt man mit den beiden Daumen der von obenher umfassenden Hände gegen den Oberarmknochen in den behaarten Achselhöhlen. Die Bauchschlagader kann man mit der Faust unterhalb des Nabels bei wagrechter Rückenlage des Blutenden gegen die Wirbelsäule anpressen. Die Schenkelschlagader drückt man mit drei Fingern oder den beiden Daumen gerade unterhalb der Leistengegend in der Mitte der vordern Schenkelfläche gegen das Schambein oder den Schenkelknochen nach rückwärts (Fig. 2, S. 10 und Fig. 13 S. 45.)

Das Abdrücken einer Schlagader ist aber für die Dauer sehr anstrengend. Am Halse, am Bauch kann man die Finger durch einen harten Gegenstand (Stein), den man gegen den Knochen andrückt, ersetzen. An den Gliedmaßen wird auch durch festes, mehrfaches Umbinden einer Gummi- oder Trikotbinde, eines Leibriemens, eines Hosenträgers oder Gummirohrs eine vollkommene Abschnürung zwischen Herz und blutender Wunde erreicht. In der Not kann man ein als Binde zusammengelegtes

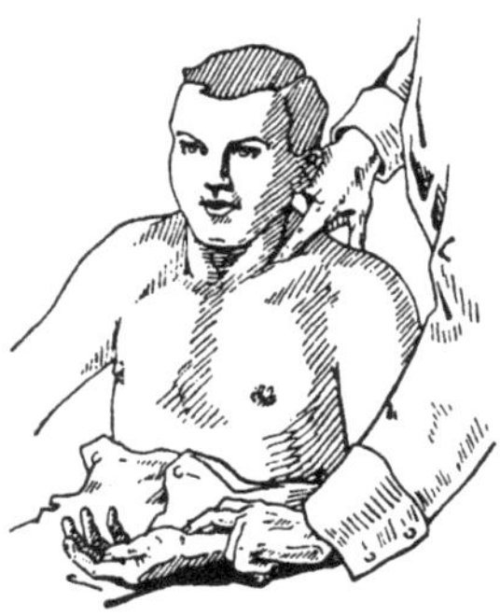

Fig. 12. Andrücken der Schlüsselbeinschlagader in der oberen Schlüsselbeingrube auf die erste Rippe mittels des Zeigefingers.

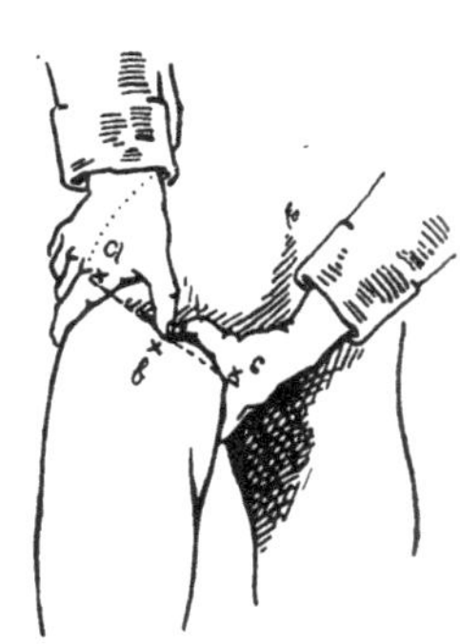

Fig. 13. Abdrücken der Schenkelschlagader mit beiden Daumen in der Mitte *b* der Linie *a b c*, die den vorderen Hüftbeinrand mit der Schoßfuge verbindet.

und kräftig herumgeführtes dreieckiges Tuch, Taschentuch, verwenden. Unter den Knoten des Taschentuches kann noch ein Stock oder Schlüssel durchgeführt werden, um das Taschentuch durch eine Drehung fester zu schnüren. (Fig. 14.) Dieser Knebel ist aber, damit er sich nicht aufdreht, durch Bindfaden oder ein zweites Tuch an der Umschnürungsstelle festzubinden. Die beste Abschnürungsstelle für das Bein ist das untere oder mittlere Drittel des Oberschenkels, für den Arm das untere oder obere Drittel des Oberarmes; die Oberarmmitte ist wegen gefährlichen Nerven-

Fig. 14. Abschnüren der Schenkelschlagader durch ein Taschentuch mit Knebel; auf die Gegend der Schenkelschlagader ist ein Stein unter das abschnürende Tuch gelegt. Notverband am Unterschenkel; dieser wird mit Untergriff gehalten.

drucks nicht abzuschnüren. (Siehe Fig. 11 S. 44 und Fig. 14, 15 Seite 46.)

Zur Vermeidung von Hauteinklemmung unter der Binde oder dem Knoten müssen beim Abschnüren Hautfalten möglichst vermieden, unter den Knoten Papp-

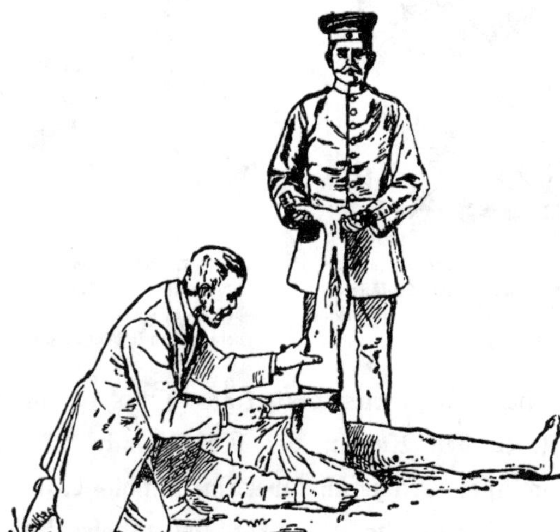

Fig. 15. Abschnüren der Schenkelschlagader durch eine elastische Binde am hochgehaltenen Bein, nach v. Esmarch.

deckel (dickes Papier) gelegt werden. Die einzelnen Bindengänge haben zirkelförmig aufeinanderzuliegen (Fig. 15). Vor und während der Abschnürung ist der verletzte Körperteil senkrecht emporzuhalten. Es ist nur so stark abzuschnüren, bis an der unterhalb der Abbindungsstelle verlaufenden Schlagader der Puls nicht mehr fühlbar ist und die Wunde zu bluten aufhört, weil jede Abschnürung sehr stark schmerzt.

Eine Unterlassung dieser Vorsichtsmaßregeln verursacht Blutstauung oder Brand.

Legt man ein gepolstertes Holzstück, einen Regenschirm in die Achselhöhle zwischen Arm und Brustkorb, bindet man hierauf den im Ellenbogen rechtwinklig gebeugten Arm mit einem rechteckigen Tuch fest um den Rumpf, so wird die Armschlagader, eine blutende Armwunde ebenfalls zusammengedrückt.

Ist die große Pulsader des Armes hoch oben nahe der Achselhöhle verletzt, so kann man die Schlüsselbeinschlagader auch dadurch gegen die erste Rippe abdrücken, daß man den verletzten Arm sehr stark nach hinten und unten zieht und den verletzten Ellenbogen mit einer Tuchschlinge über den Rücken des Verletzten hin an dem ebenfalls nach hinten gedrückten anderen Arme so fest als möglich anbindet.

Eine vollkommene Absperrung des Blutlaufes am Ellenbogen oder Knie erhält man auch auf folgende Weise: Das Ellenbogen- oder Kniegelenk wird von unten nach oben in gestreckter Stellung eingewickelt, alsdann gebeugt. Durch die Beugung nimmt der Umfang der Gliedmaßen zu, so daß die Bindengänge in der Ellenbeuge oder in der Kniekehle sehr stark einschnüren. In dieser Beugestellung wird dann der Vorderarm am Oberarm oder der Unterschenkel am Oberschenkel durch weitere Bindengänge festgewickelt. Durch sehr starke Beugung des Ellenbogens, Knies, Oberschenkels wird ebenfalls die Schlagader zusammengedrückt; die stark gebeugten Gliedmaßen müssen aber durch ein Band oder bandförmig zusammengelegtes Tuch in dieser Stellung fest aneinander gebunden werden (der Vorderarm am Oberarm, der Unterschenkel am Oberschenkel, der Oberschenkel am Hals und Rücken); außerdem würde die Blutung durch Stauung stärker werden.

Auch die ganze untere Körperhälfte kann nach Hochlagerung der Beine und des Beckens gefahrlos durch rasche und feste, kreisförmige Umschnürung des Bauches mit einem Gasschlauch vom Blutlauf abgeschlossen werden.

Jede abschnürende Binde muß während des Transports öfter nachgesehen werden, da durch ihr Lockerwerden Nachblutung erfolgen kann (siehe Seite 50). Die Absperrung der Blutbahn darf nicht länger als eine Stunde dauern, um das Brandigwerden des abgeschnürten Körperteils zu vermeiden. Überhaupt soll die Abschnürung nicht bei jeder Blutung angewendet werden sondern nur bei starker Blutung, da viele Blutungen durch Hochhalten der Gliedmaßen, festes Zusammendrücken der Wundränder mit Sublimat- oder Sterilgaze und einer ziemlich fest darüber gewickelten Binde stehen. (Siehe S. 41.)

Steht eine Blutung, so ist der Verbundene trotzdem wegen Nachblutungsgefahr stets zu überwachen. (Siehe Seite 50.)

Blutungen aus der Nase stillt man am besten, indem man dem Kranken kalte Kompressen auf Nacken, Nase und Schläfen legt, ihn bei stark erhöhtem Kopf eine ruhige, sitzende Stellung einnehmen läßt. Das heftige Auspusten der Nase aber vermehrt die Blutung. Das Blut muß Zeit zur Gerinnung haben. Deshalb ist es auch gut, den Blutenden einige Male durch die Nase kräftig einatmen zu lassen, dann diese seitlich zusammenzudrücken. Anliegende Kleidung ist am Hals und Leib zu lockern zur Vermeidung von Blutandrang gegen den Kopf. Sehr warme Hand- und Fußbäder vermindern ebenfalls den Blutfluß zum Kopf. Nützen diese einfachen Mittel nichts, so kann man die Nasengänge mit einem schmalen Streifen trockener Sublimatgaze ausstopfen; aber nicht nach aufwärts, sondern von vorn nach hinten, weil der Nasengang wagrecht an der Unterfläche des

Schädels zur Rachenhöhle führt. Das Ende der eingestopften Gaze muß aus dem Nasenloch hervorstehen. Dauert das Bluten trotzdem an, so ist der Arzt sofort zu holen. Bei vorn ausgestopften Nasengängen kann der Kranke, namentlich wenn er bereits halb bewußtlos ist, durch die hintern Nasengänge in den Rachen unbemerkt weiterbluten und das Blut hinunterschlucken. Daher ist im Rachen nachzusehen, ob an dessen Hinterwand nicht Blut herabläuft; man läßt hiezu den Mund aufsperren und mit einem Löffelstiel die Zunge niederhalten.

Bei Blutungen aus der Lunge (Bluthusten, Blutsturz) wende man ebenfalls Rückenlage mit erhöhtem Oberkörper und beiderseits kalte Umschläge auf die Brust (Eisbeutel) an. Auch ist heißes Hand- oder Fußbad zweckdienlich. Außerdem gebe man Salzwasser oder Limonade zu trinken.

Blutenden gebe man nie Alkohol, weil dieser das Herz schwächt. Falsch ist die Vorstellung, daß Bier oder Wein Kraft machen.

Bei Blutungen aus dem Magen gebe man Stückchen reinen Eises innerlich und wickle einen kalten Umschlag ziemlich fest um den Leib. Gut ist es auch, mehrfach zusammengelegte Tücher oder einen großen Badeschwamm fest auf den Leib zu binden. Der Leib wird hoch gelagert. Bei heftiger Magen- oder Lungenblutung kann Erstickungsgefahr drohen. (Siehe Seite 13, 23, 27, 65, 86.)

Das Blut aus der Lunge ist hellrot und schaumig, das aus dem Magen dunkelrot, braunrot, schwarz und kaffeesatzähnlich geronnen. Ausgeworfenes Blut hebe man immer bis zur Ankunft des Arztes in einem reinen Gefäße auf.

Blutungen aus dem Unterleibe behandle man ebenfalls durch Bettruhe, Eisbeutel, Druckverband auf den Leib und Beckenhochlagerung. Der Druckverband kann durch einen großen

Badeschwamm oder Bindenkopf, den man mit kreisförmigen Gängen einer elastischen Binde fest in der Nabelgegend einpreßt, oder einen Gasschlauch verstärkt werden. (Siehe Seite 47).

Die Folgeerscheinungen einer heftigen Blutung sind kühle Haut, kalter Schweiß, Ohnmacht und rascher, schwacher Puls. (Siehe Seite 26, 27, 86). Man hüte sich Menschen, die stark bluten oder schon viel Blut verloren haben, mit dem Oberkörper aufzurichten, weil dadurch die Blutleere des Gehirns sowie des verlängerten Markes bis zum sofortigen Tode gesteigert werden kann. Droht eine Ohnmacht durch Blutleere des Gehirns, so muß man umgekehrt den Kopf ganz tief und die Beine und Arme sehr hoch legen. Dadurch wird rascher das noch im Körper zirkulierende Blut dem Gehirn zugeführt und nach dem Herzen getrieben, damit dies Pumpwerk nicht leer geht und infolgedessen stillsteht; denn der Verblutungstod erfolgt, noch ehe der Körper ausgeblutet ist, durch Herzstillstand; das Herz kann nur fortarbeiten, solange es genügend Flüssigkeit zum Weiterpumpen enthält.

Außerdem wärme man womöglich den Leib des Verletzten mit wollenen Tüchern, wickle die hochgelegten Arme und Beine von den Enden an aufwärts mit Flanellbinden ein, sorge für Beigabe von Wärmflaschen, gewärmten Hafendeckeln oder Thermophoren, die aber zur Vermeidung von Verbrennungen in Tüchern eingeschlagen sein müssen. — Man gebe dem Verletzten, aber nur, wenn er gut schlucken kann, einige Hoffmannstropfen auf Zucker oder warme Milch und reibe die Schläfe mit kölnischem Wasser oder kaltem Wasser, Essig usw.

Um den Flüssigkeitsverlust im Körper möglichst zu ersetzen, reiche man, nachdem der Verletzte sich etwas erholt hat, auch öfter etwas Limonade, leichten Tee, Zuckerwasser, Sodawasser, Fleisch=

brühe. Verboten ist jede Nahrung bei Bauchverletzten. (Siehe Seite 27.)

So werde die zur Erhaltung der Herztätigkeit wertvollste Zeit bis zur Ankunft des Arztes ausgenützt.

Es ist charakteristisch, daß oft die stärksten Blutungen in dem Augenblicke, wo der Kranke ohnmächtig wird, wegen Abnahme der Herzkraft scheinbar stehen, aber von neuem beginnen sobald der Verletzte das Bewußtsein wieder erlangt. Diese Nachblutung, z. B. während des Transportes, ist gefährlicher als die erste Blutung. Eine zweite oder dritte Blutung kann ganz unbedeutend erscheinen, der Verband braucht kaum durchnäßt zu sein, und doch stirbt der Blutende gerade deshalb. Es ist also genau darauf zu achten, daß nicht in den ersten Verband noch längere Zeit in größerer Menge Blut nachsickert. Man erkennt dies daran, daß Blutflecken in der Unterlage stetig größer und feuchter werden. Hat man bei einer Verwundung der Gliedmaßen Sorge wegen Nachblutung, so lege man oberhalb der verletzten Stelle eine starke Binde im Kreisgange locker an, um diese in der Nacht oder auf dem Transporte bei drohender Gefahr sofort fest schnüren zu können. (Siehe Seite 45, 47).

Für die Behandlung im Notfalle ist es belanglos, ob die Wunde durch Stich, Schnitt oder Schuß entstanden ist, oder ob es sich um eine gequetschte Wunde handelt. Sie sollen alle gleichmäßig, wie oben geschildert, behandelt werden, nur das eine möchte ich bemerken, daß bei Quetschwunden oder Hautabschürfungen mit starken Blutunterlaufungen der umgebenden Weichteile, bei Verbrennungen, eiternden, entzündeten oder geschwollenen Wunden vom Kranken ein feuchter Umschlag besser vertragen wird als trockene Sublimatgaze. Dieser Umschlag besteht aus gewöhnlicher Verbandgaze, die mit verdünntem Sublimat- 1 : 2000, oder Lysol- 1:300, Essigsaurer Tonerde- 1 : 200, Borsäure 1:200, Bleiwasser antiseptisch angefeuchtet ist. Deckt man ihn mit Verbandwatte, so trocknet er langsam, was für die Wunde vorteilhaft ist; umgibt man ihn mit gewöhnlicher, fetter Baumwolle oder einem wasserdichten Stoff (Guttapercha, dem haltbarerem Billrotbatist oder Makintosh), so bleibt er lange feuchtwarm, wodurch die Schmerzen bedeutend gelindert werden.

Aus der Wunde hervortretende innere Körperteile z. B. Sehnen, Knochen, Gedärme, ebenso abgerissene Hautstücke werden möglichst unberührt bis zur Ankunft des Arztes mit antiseptischer oder steriler Gaze bedeckt, die am besten mit 0,8 % abgekochtem Kochsalzwasser befeuchtet wird. (Siehe Seite 32, 76.)

Für Brandwunden gelten die gleichen Regeln der Nothilfe wie für andre frische Wunden. Ein naßkalter Umschlag mit frisch ausgekochter Verbandgaze (auch Leinwand) oder mit Bleiwasser oder essigsaurer Tonerde wirkt gegen den ersten Schmerz.

Für die Heilung aber ist es noch besser, auch Brandwunden mit Sublimat- oder Sterilgaze trocken zu bedecken, darüber viel Verbandwatte und oben auf zur Kühlung den Eisbeutel zu legen. Auch Hochlagerung vermindert den Schmerz.

Der Grad und die Tiefe einer Verbrennung machen im Notverbande keinen Unterschied. Sehr ausgedehnte, scheinbar leichte Verbrennungen, bei denen die Haut nur gerötet ist, können aber durch Gifte, die sich in der verbrannten Haut entwickeln, durch Unterdrückung der Hautatmung rasch töten. Man bringe den Unglücklichen, nachdem vorsichtig die Kleider abgeschnitten sind, in ein laues Bad (25° Cels.). Es lindert die Schmerzen. Gegen Herzschwäche und Schlafsucht reiche man stärkende Mittel (Kaffee, Tee).

Gazebinden, die in ausgekochtem Olivenöl aufbewahrt sind, kann man um ausgedehnte Brandflächen wickeln. Ebenso verwendet man Brandbinden, die mit dem antiseptisch austrocknenden salpetersauren Wismutpulver eingestreut sind. Über diese Einwicklung wird reichlich Watte gebunden.

Verwerflich sind alle Umschläge mit gewöhnlichem Öl, mit Butter, geschabten Kartoffeln, hausgemachten Brandsalben sowie das Bestreuen der Wunden mit Mehl oder Kleie. Schmerzlindernd und heilsam wirken das in der Apotheke frisch bereitete Brandliniment (aus Kalkwasser und Thymol), auch frische, vom Arzte verschriebene Bor- oder Zinksalbe.

Die Art des ersten Verbandes ist auch hier für die weitere Behandlung und Heilung durch den Arzt von großer Bedeutung. Eine nicht verunreinigte Brandwunde heilt wie jede reine Wunde unter einer trockenen Kruste und kann bis zum Abschlusse der Heilung mit der im Anfang aufgelegten trockenen antiseptischen oder sterilen Gaze bedeckt bleiben. Nur die Watteschicht wird erneuert. Dadurch allein werden dem Kranken schon viele Schmerzen beim Verbandwechsel erspart. Es herrscht immer noch der Glaube, daß Brandwunden eitern müssen, daß der Eiter das Schlechte aus der Wunde herausziehen müsse; damit trösten auch die Pfuscher ihre Kunden. Eine reine frische Wunde irgendwelcher Art aber braucht nicht zu eitern. Sie heilt am besten unter der eintrocknenden Wundabsonderung.

Die Entstehung von Brandblasen der Oberhaut kann unterdrückt werden, wenn es möglich ist, längstens $^1/_4$ Stunde nach der Verbrennung Kollodium (in Schwefeläther gelöste Schießbaumwolle, daher feuergefährlich) auf die verbrannte Haut auszugießen.

Das Kollodium schließt die Luft ab und nimmt sehr rasch den Schmerz. Benzoetinktur hat den gleichen Erfolg. Es ist nicht ratsam, daß Laien Brandblasen öffnen oder einen Seidenfaden durchziehen; dies verursacht Schmerzen wegen Freilegung der Nerven, sogar Eiterung.

Wenn heiße Flüssigkeit in Schuhe und Strümpfe herabgegossen worden ist, ist es wichtig, sofort die Strümpfe vorsichtig aufzuschneiden, weil in anliegenden Kleidungsstücken die Hitze sich am längsten hält und hier die Verbrennungen am tiefsten gehen. Bei unvorsichtigen Menschen, die nahe am offnen Licht Handschuhe mit Benzin putzen, kommen die schrecklichsten Verbrennungen bis auf die Sehnen am Handgelenk vor, wo die Handschuhe fest anliegen. Ebenso fordert der Unfug, mit Petroleum Herdfeuer anzufachen, auf einen noch glimmenden Docht Spiritus, Petroleum zu gießen oder mit der schwankenden Petroleumlampe umherzuleuchten, immer wieder Opfer, weil explosive Dämpfe sich dabei namentlich in warmen Räumen an heißen Tagen leicht entwickeln.

Man muß diese Unglücklichen sofort zu Boden werfen und die Flammen nicht mit den Händen oder wenig Wasser auslöschen wollen, sondern durch aufgeworfene Decken ersticken, die Kleider sofort abschneiden und reichlich Wasser übergießen. Verderblich ist es, wenn brennende Personen in der Todesangst zu laufen anfangen, wenn Türen und Fenster geöffnet werden, weil durch Luftzug der Brand angefacht wird.

Bei oberflächlichen Hautverbrennungen, *Sonnenbrand*, *Schneebrand* kann man Zinksalbe oder Borsalbe anwenden.

Wunden, durch hohe *Kältegrade* verursacht, sind wie Brandwunden zu behandeln.

Wunden, durch *Säuren* verursacht, werden in der nächsten Stunde am besten mit verdünntem Seifen-, Soda-, Kalk- oder Eiweißwasser oder mit reichlicher Menge vorher gekochten Wassers oder reinem Leitungswasser abgegossen. Umgekehrt werden frische Lauge- oder Kalkätzungen am raschesten aufgehalten mit verdünnten Säuren (Zitronensäure oder Essig mit Wasser). Dasselbe gilt von Verätzungen des Mundes und Magens, wenn Säuren oder ätzende Alkalien, Laugenstein usw. verschluckt worden sind. Sind Kalkspritzer ins Auge gekommen, so wasche man das Auge mit sehr viel frischem Wasser, besser noch mit kohlensaurem Wasser, Zuckerwasser, kalter Milch oder reinem, feinem Öl. Reiben am Auge schadet; ein kalter Umschlag wird auf dem Auge mit einer Binde bis zur Ankunft des Arztes befestigt.

Entzündung, Wundeiterung nach Infektion mit Spaltpilzen. Entzündete Wunden z. B. der Umlauf am Finger, sind meist von starken, pochenden Schmerzen, von allgemeinem Unwohlsein, Hitze- oder Frostgefühl begleitet.

Diese Entzündungszeichen (Rötung, Schwellung, Schmerz, Fieber) beweisen uns, daß eine Wunde verunreinigt, durch Spaltpilze infiziert ist; denn letztere erzeugen durch ihr Wuchern, ihre Ausscheidungsstoffe in der Wunde eine Vergiftung und Reizung, auf die die menschlichen Gewebe mit Entzündungserscheinungen antworten (Siehe Seite 30).

Wunden mit schmerzhaft geröteten, geschwellten Hauträndern, Rotlauf oder Blutvergiftung behandelt man bis zur Ankunft des Arztes am besten mit verdünnten, antiseptischen, feuchtwarmen Umschlägen in großer Ausdehnung und allseitig gut abgeschlossen mit einem noch größern Stück Guttapercha (Siehe Seite 51). Der entzündete Körperteil ist hochzulagern oder in einem Tragtuch ruhig zu halten (Siehe Seite 39). An der obern Grenze der Entzündung, wo das Blut zum Herzen zurückströmt, wird ein Eisbeutel aufgelegt; doch ist die Haut durch Tuchunterlage gegen Erfrierung zu schützen. Eiternde, entzündete Wunden erfordern oft raschen Eingriff des Arztes. Auf oberflächliche, eiternde Wunden ohne Entzündungsröte in der Umgebung kann man bis zur Ankunft des Arztes auch frische Bor- oder Salizylsalbe mit Verbandgaze legen.

Vergiftete Wunden. Weiß man, daß eine Wunde durch Reißen an einem fauligen Knochensplitter, schmutzigen Nagel, Strohhalm, Glasscherben, Holzsplitter mit schmutziger Erde und dgl. entstanden ist, so lasse man die Wunde gut ausbluten, also nach abwärts halten, mit Sublimat- (1 : 1000), Lysol-, Karbolwasser (3 : 100) sorgfältig auswaschen und durch Einlegen eines antiseptischen Gazestreifens zwischen die Hautwundränder offen halten. Das Klaffen einer unreinen Wunde ist das beste Mittel gegen die Aufnahme schädlicher Stoffe (Spaltpilze und ihre Zersetzungsstoffe) in das Blut. Die Behandlung ist die gleiche wie die einer entzündeten Wunde. Klebepflaster, welche die Hautränder über dem eingeimpften Bakteriengift verschließen, sind hier besonders gefährlich. Blutvergiftung beginnt meist mit schmerzhafter Schwellung der Wundumgebung, Anschwellung der Lymphgefäße und oberflächlichen Blutadern, die dann als rote Streifen durch die Haut sichtbar zum Rumpf heraufziehen. Geschwollene Lymphdrüsen (in der Ellenbeuge, Achselhöhle, Leistengegend, Halsgegend) verursachen Schmerzen. Schreiten Rötung und Schwellung weiter (oft unter Frostgefühl) oder steigt einige Stunden nach der Verletzung die Körperwärme in der Achselhöhle über 38° C, so ist Gefahr im Verzug. Ein nach Celsius richtig geeichtes Maximal-Thermometer zum Messen der Körperwärme ist daher immer zu empfehlen. Der Arzt ist sofort zu holen. Inzwischen ist der Fiebernde ins Bett zu bringen; dann ist durch heiße Limonade oder Tee die Haut-

und Nierenausscheidung anzuregen. Durch Kurpfuscherei wird in diesen schlimmen Fällen das Leben sehr gefährdet. Im Gewerbebetrieb ist jede auch die kleinste Fingerverletzung antiseptisch zu reinigen, dann gut abschließend zu verbinden zum Schutz vor weiterer Verunreinigung. Da jeder Druck und Stoß, jede Erkältung, Durchfeuchtung des Verbandes die Heilung stört, ist es sogar ratsam, in den nächsten Tagen die Arbeit ganz ruhen zu lassen. Es werden dadurch Sehneneiterungen, Blutvergiftung mit langdauernder Arbeitsunfähigkeit vermieden.

Namentlich neigen Quetschwunden, Bißwunden (besonders von Menschen, Pferden), dann Kratzwunden, Rißwunden (durch Messing-Kupferdraht) sehr zu Entzündung und Eiterung, müssen daher besonders sorgfältig antiseptisch gewaschen und verbunden werden.

Vergiftung der Wunden kann noch verursacht werden durch giftige Chemikalien, Pflanzengifte, vergiftete Pfeile, durch Stich giftiger Insekten oder durch Biß giftiger Tiere. Hier ist der verletzte Körperteil nicht hoch zu legen, wie dies für alle andern Verletzungen vorteilhaft ist, die Wunde soll vielmehr durch Abwärtshalten ausbluten. Der Blutrücklauf zum Herzen ist durch eine Umschnürung oberhalb der Wunde für kurze Zeit zu hemmen. Diese Absperrung des Blutlaufes hat aber nur Zweck, wenn sie innerhalb der ersten Stunde nach der Verletzung gemacht wird. Man kann außerdem noch versuchen, ein über einer Flamme erwärmtes Weinglas als Schröpfkopf rasch über die meist kleine Wunde zu stülpen, um das Blut auszusaugen, dann die Wunde weit klaffen machen und mit starker Sublimat- oder Karbollösung, auch Salmiakgeist, ausätzen. Nützlich ist es ferner, die Wunde weit zu öffnen, wenn möglich, mit einer glühenden Kohle, brennenden Zigarre oder dergl. zu ätzen, mit 4 % übermanganſaurem Kaliwaſſer auszureiben. , Die Buren reiben in die Schlangenbißwunde den Tabakſaft, wie er ſich in ihren kurzen hölzernen Pfeifen anſammelt. Durch ſtarken Tee oder Kaffee iſt die Herztätigkeit anzuregen und der Körper in Schweiß zu bringen. Reichlicher Alkoholgenuß nach Schlangenbiß[1]) gilt als Rettungsmittel.

Tollwut kommt vor bei Hunden, Katzen, Wölfen, Füchſen und äußert ſich bei Hunden durch ſcheues Weſen, Abnahme der Freßluſt, Freßgier nach Holz, Leder uſw. Ihr Speichel enthält das Gift. Eine damit infizierte Wunde heilt anfangs gut. Ihre Narbe ſchwillt aber mit Ausbruch der Wut unter Entzündung wieder an. Die Kranken gehen unter Schlingbeſchwerden, Tobſuchtsanfällen, Lähmungen, aber auch unter den Erſcheinungen der Stillen Wut zu Grunde.

Von Hunden oder Katzen, die wegen Wutverdacht getötet werden, ſollen Herz, Lunge uud Kopf ſamt Gehirn möglichſt friſch an das Reichsgeſundheitsamt in Berlin geſandt werden. Dort werden auch die Unglücklichen, die von einem wutverdächtigen Tier gebiſſen ſind, einer Schutzimpfung unterworfen. Dieſe beſteht darin, daß unter die Haut der Auszug von verſchieden lang getrocknetem Kaninchenrückenmark eingeſpritzt wird. Dieſe Kaninchen waren vorher in zunehmender Stärke mit Wutgift infiziert (nach Paſteur immuniſiert). Das hygieniſche Inſtitut jeder

---

[1]) Die Kreuzotter oder Kupfernatter wird nie ſo lang wie die ungiftige Ringelnatter; höchſtens 75 cm in der Länge meſſend, iſt ihr Körper dicker, der Kopf breiter, dreieckig und, wie der kurze Schwanz, ſtark vom Körper abgeſetzt. Die Farbe wechſelt ſehr, doch hat ihr Rücken immer eine zuſammenhängende braune bis ſchwarze Zickzackzeichnung, die bei der ungiftigen, ſtets braunen, ſchlanken Schlingnatter unterbrochen iſt. Ihr Biß erzeugt zwei kleine ſtichförmige Wunden.

Universität und die Landesuntersuchungsanstalten besorgen ebenfalls das Nötige zur Untersuchung auf Wutkrankheit.

Insektenstiche werden am besten mit Salmiakgeist, Sodalösung oder Seifenwasser gewaschen, dann mit kalten Umschlägen von essigsaurem Tonerde- oder Bleiwasser behandelt. Beim Entfernen des Bienenstachels aus der Wunde mittels ausgeglühter Nadel gebrauche man die Vorsicht, die an ihm haftende Giftdrüse nicht in die Wunde auszudrücken.

4. Fremdkörper in Wunden, im Auge usw.

Wenn sich fremde Körper in der Wunde befinden, so werden sich einige durch Ausspülen mit frischem Wasser (am besten gekochtem), verdünntem Karbol- (1 : 100), Sublimatwasser (1 : 2000) herausschwemmen lassen. Zum Auswaschen nehme man nie Schwämme, sondern frisch ausgekochte Leinwand, Sublimat- oder Sterilgaze, berühre aber dabei die Wunde so wenig als möglich und lasse das Wasser nur darüber laufen. Die zum Auswaschen einmal benutzten Verbandstoffe werden vernichtet. Von den Fremdkörpern, die sich nicht abspülen lassen, soll man nur die (mit den frischgewaschenen Fingern) entfernen, welche der Wegnahme nicht den geringsten Widerstand entgegensetzen. Man hüte sich aber nur einen Versuch zur Entfernung von solchen zu machen, die tief eingedrungen sind; dadurch wird das Körpergewebe zerrissen und Blutung erzeugt. Geschosse oder Glassplitter können ohne Eiterung einheilen.

Bei Fremdkörpern im Auge ist es verboten, am Auge zu reiben. Sind feine Kohlen- oder Staubteilchen in das Auge geflogen, so wird der Fremdkörper oft durch die Lidbewegung in den Tränensee am innern Augenwinkel gespült. Weiterhin kann man versuchen das untere Lid, während das

Auge stark nach aufwärts sieht, mit reinen Fingerspitzen vorzuziehen und mit dem Zipfel eines ganz frischen, nicht gebrauchten feinen Tuches oder Gazestreifens den Fremdkörper zart wischend aus der Tränenflüssigkeit herauszuholen.

Meist sitzen die Fremdkörper aber hinter dem Rand des obern Augenlides. Es erfordert ziemliche Geschicklichkeit des hinter dem Verletzten stehenden Helfers, das obere Augenlid nach außen über die eigene frischgewaschene Fingerkuppe umzustülpen, indem er das obere Augenlid an den Wimpern mit den Fingern der einen Hand über eine Fingerkuppe der andern Hand nach oben zieht. Alsdann wird mit dem Zipfel eines ganz frischen, am besten ausgekochten Tuches der Fremdkörper von der Schleimhautfläche des umgestülpten Lides abgestreift. Man kann auch versuchen das obere Lid über das untere zu ziehen, so daß die Wimpern den Fremdkörper herausschieben können. Anders als in dieser Weise soll das Auge überhaupt nicht berührt werden. Alle weitern Versuche unterläßt man besser. Das Auge wird zur Beschränkung des Lidschlags mit einem Tuch fest zugebunden und ärztliche Hilfe aufgesucht.

F r e m d k ö r p e r i m O h r e. Insekten u. dgl. sind vielleicht durch Einspülen von warmem Wasser zu entfernen. Bei anderen Fremdkörpern vermeide man auch jede Spülung, da sie dadurch aufquellen (z. B. Palmkätzchen) oder weiter eindringen können.

F r e m d k ö r p e r i n d e r N a s e kann man versuchen durch Reizung zum Niesen herauszubringen. Andere Eingriffe sind gefährlich.

F r e m d k ö r p e r i m S c h l u n d e und der Speiseröhre sind oft schon durch Reizen zum Erbrechen mittels eines in den Rachen gesteckten Fingers hervorgeschleudert worden. Außerdem gebe man weiches Brot, Milch oder Sauerkraut zu essen, damit der Fremdkörper leichter hinabgleitet. Alles weitere überlasse man dem Arzt.

Fremdkörper, die in die Luftröhre oder Stimmritze eingedrungen sind, können ebenfalls durch Brechreiz herausgetrieben werden, auch durch Klopfen auf den Rücken. Dadurch werden kräftige Atembewegungen hervorgerufen. Bei drohender Erstickungsgefahr (Blauwerden des Gesichts) ist sofort ärztliche Hilfe notwendig.

Man kann noch den Versuch machen, einen am Zungengrund festsitzenden Fremdkörper mit Zeige- und Mittelfinger herauszuziehen. Dabei kann man das Öffnen des Mundes erzwingen durch Zuhalten der Nase mit der andern Hand.

5. Eingeweide-Bruch (Leibschaden), Bauchfellentzündung.

Durch starkes Pressen der Bauchdecken kann unter Schmerzen ein Eingeweide-Bruch aus dem Bauchraum vorn am Unterleib in der Leisten- oder Schenkelgegend hervortreten. Durch Überheben, starkes Husten, Störungen in der Darmbewegung kann ein schon vorhandener Bruch hart anschwellen; eine solche plötzliche Stauung und Einklemmung der Baucheingeweide in dem Bruchsack ist ein sehr gefährlicher Zustand. Jeder Bruchkranke sollte daher seinen Arzt befragen wegen eines Bruchbandes. Ein gutsitzendes Bruchband verhütet die Einklemmungsgefahr auch während großer Anstrengungen. Es gibt Menschen, die gar nicht wissen, daß sie einen Bruch haben. Ist ein Bruch eingeklemmt, so fällt in der betreffenden Körpergegend das plötzliche Auftreten einer sehr schmerzhaften, etwa nuß- bis hühnereigroßen, festen Geschwulst auf, die sich nicht verschieben läßt, während vorher gar keine Geschwulst oder nur eine leicht in den Bauchraum mit der Hand zurückschiebbare, weiche Ausbuchtung vorhanden war. Der Kranke bekommt heftiges Leibschneiden, Brechreiz, grünes Erbrechen, ganz die Erscheinungen wie bei einer Darm-Bauchfellentzündung. Dann ist Gefahr im Verzug, der Arzt muß geholt werden. Inzwischen ist der Kranke mit erhöhtem Unterkörper und gebeugten Beinen auf den Rücken zu legen, ein feuchtwarmer Bleiwasserumschlag oder auch kalter Umschlag auf die Geschwulst zu machen. Alle Versuche, die feste Geschwulst zurückzubringen, sind gefährlich. Oft nützt ein warmes Bad (30° C).

Erbrechen kommt auch bei Gehirnerschütterung, Quetschung des Bauches, Vergiftung, Magen- Blinddarmentzündung vor. Ruhige Lage auf dem Rücken mit angezogenen Beinen, warme Einwicklungen des Leibes, vielleicht auch kalte Umschläge, wenn sie die Schmerzen eher lindern, vollkommene Enthaltung von jeder Nahrung sind bis zur Ankunft des Arztes angezeigt.

6. Blitzschlag, Berührung elektrischer Leitungen

können Brandwunden, eigenartige Blutunterlaufungen, Gewebszersetzungen, Lähmungen und Bewußtlosigkeit, sogar den Tod verursachen.

Derartig Gelähmte oder Bewußtlose bringt man in ruhige, wagrechte Rückenlage, bei leichterhöhtem Kopf, macht kalte Umschläge auf den Kopf, öffnet eng anliegende Kleider, sorgt für Zufuhr frischer Luft, beobachtet Puls und Atmung und begnügt sich, wenn diese in Ordnung sind, wie bei Ohnmächtigen, mit äußeren Reizmitteln (siehe Seite 23, 86). Der Körper ist nach Quetschungen, Beinbrüchen abzusuchen, Brandwunden, Blitzfiguren, Blutunterlaufungen, die am Ein- und Austrittspunkte des elektrischen Stromes (Hand, Rücken, Gesäß, Fuß) oft sehr bedeutend sind, müssen antiseptisch mit feuchtwarmen Umschlägen von Bleiwasser oder essigsaurer Tonerde verbunden werden.

Bei Unfällen im elektrischen Betrieb muß der Verunglückte, wenn er noch mit der elektrischen Leitung in Verbindung ist, möglichst rasch der Einwirkung des elektrischen Stroms entzogen werden. Das bringt aber auch dem Helfer, Gefahren, namentlich bei Hochspannleitung (über 500 Volt bei Gleichstrom, über 300 bei Wechselstrom; gekennzeichnet durch rote Blitzpfeile, rote Isolierglocken). Hier kann jede Berührung der Leitung oder des mit ihr noch verbundenen Unglücklichen gefährlich werden, solange die Leitung noch unter elektrischer Spannung steht. Es sind aber (nach Jellinek) auch tödliche Unfälle bei 110 und 65 Volt Spannung beobachtet worden. Außer der Spannung und Stärke des Stromes ist auch die Zeit und der Ort seines Übergangs in den menschlichen Körper wichtig für seine Gefährlichkeit. Sie ist bei längerer Dauer größer, bei Gleich- als Wechselstrom. Tritt der Strom durch Hals und Kopf ein, so ist dies gefährlicher als Stromeintritt durch schwielige Hände oder Füße. Von größter Bedeutung ist aber die persönliche Empfänglichkeit. Eine zufällige Berührung mit Schwachstrom kann töten, während eine bewußte Berührung desselben Stroms ohne Schädigung ertragen werden kann. Bei Unglücksfällen versuche der Sachverständige, die Leitung sofort spannungslos zu machen, indem er die stromerzeugende Maschine abstellt oder den Stromkreis durch Öffnung des nächstgelegenen Schalters, Herausnahme der Bleisicherungen von der Stromquelle abschaltet. Der Laie verständige so schnell als möglich (telephonisch) die nächste Betriebsstelle vom Unfall

Außerdem kann man entweder versuchen, die von der Stromquelle kommenden Leitungen mittels eines trockenen, nicht metallischen Gegenstandes, z. B. eines Stückes Holz, eines Stockes ohne Metallzwinge oder eines trockenen Seiles, das über den Leitungsdraht geworfen wird, zu zerreißen, oder man trachtet darnach, die Leitungen kurzzuschließen und zu erden, das heißt gut leitend mit der Erde in Verbindung zu bringen durch metallischen Anschluß an eiserne Masten, Wasserleitung, Blitzableiter oder dgl.

Die Erdung der Leitung kann auch mit einem Draht (einem Metallstab u. dgl.) vorgenommen werden, der zuerst mit der Erde (gute metallische Verbindung mit Trambahnschienen, o. dgl.) und erst dann unter guter Isolierung der eigenen Hände mit der Leitung in Berührung zu bringen ist.

Das Kurzschließen der Leitungsdrähte muß vor dem Erden erfolgen und kann durch Überwerfen von Draht, nassen Tüchern usw. geschehen, wobei der Helfende strenge darauf zu achten hat, daß er sich nicht selbst mit den Drähten (z. B. durch Berühren mit den bloßen Händen) in leitende Verbindung setzt. In Rettungsstationen verwendet man bogenförmige Drähte mit isolierenden Gummihandgriffen als „Verbindungszangen" zur Kurzschlußerzeugung vor dem Verunglückten und ebenfalls isolierte Kneipzangen zum Abzwicken des Stromkabels.

Ist ein Kurzschließen der Leitungsdrähte nicht zustande gekommen, dann ist nur jene Leitung zu erden, an welcher sich der Verunglückte befindet. Gelingt es andererseits, den noch an der Leitung Hängenden mittels trockener Kleider oder Tücher vom Boden zu heben, um ihm ein trockenes Brett, noch besser ein Gummituch unterzuschieben, so wird die Stromwirkung durch diese Isolierung auch vermindert. Die Stromwirkung ist am größten, wenn sie durch den menschlichen Körper zur Erde geht.

Welche der vorbeschriebenen Methoden der Helfende auch anwenden möge, immer ist es notwendig, daß er sich zur Fernhaltung und Abschwächung der Stromwirkung auf trockenes

Holz, trockene Tücher, Kleidungsstücke, dicke wollene Decken, Glas, Gummi und ähnliche nicht metallische Unterlage stellt oder trockene Gummischuhe anzieht. Die Hände sollen durch Gummihandschuhe, trockene Tücher, Kleidungsstücke oder ähnliche Umhüllungen isoliert sein. Sehr gefährlich ist nasse Bekleidung, weil diese den Strom gut leitet. Der Helfende muß jede Berührung seines Körpers mit Metallteilen der Umgebung vermeiden.

Nach diesen Vorbereitungen suche man den Verunglückten von der Leitung zu entfernen und vom Boden aufzuheben. Dabei ist er nur an den Kleidern anzufassen. Das Berühren unbekleideter Körperteile ist möglichst zu unterlassen. Umfaßt der Verunglückte die Leitung vollständig, so hat der Hilfeleistende mit seiner, durch vorerwähnte Hilfsmittel isolierten Hand Finger für Finger des Verunglückten zu lösen.

Es kann auch durch Verbindung des Leitungsstrangs mit der Erde (Überwerfen eines zur Trambahnschiene ableitenden Telephondrahtes) der elektrische Strom vom Verunglückten weg zur Erde geführt werden, doch ist auch dieser Draht nur mit schlechten Leitern (Gummihandschuhen, dicken, trockenen Tüchern) zu berühren.

Stockt bei dem von der elektrischen Leitung Befreiten die Atmung, so ist Untersuchung der Rachenhöhle sofort nötig. Erbrochene Massen, Kautabak oder künstliche Zähne können den Bewußtlosen durch Hinabrutschen in den Rachen sehr gefährden (siehe Seite 13, 23, 27). Wird nach Ausräumen von Schleim, Erbrochenem u. dergl. die Atmung nicht besser, so muß die künstliche Atmung und Herzmassage sofort eingeleitet werden. Außerdem hat sich die elektrische Reizung der Halsnerven durch einen kräftigen unterbrochenen (faradischen) Strom eines Induktionsapparates oder einer Influenzmaschine bewährt. Die eine Elektrode wird angefeuchtet rechts oder links neben dem Kehlkopf, wo die großen Halsschlagadern liegen, die andere auf die linke Brustseite gesetzt. (Auch Aderlaß, durch einen Heilkundigen auszuführen, kann durch Herabsetzung des Blutdruckes Rettung bringen. (Siehe Seite 87.) Der Arzt wird den Rückenmarkskanal punktieren, um den Gehirndruck zu vermindern).

Diese Hilfeleistungen haben gerade bei Unfällen durch hochgespannte Ströme oft noch Erfolg, weil zwar die Zentralstelle der Atmung vorübergehend gelähmt oder auch die Herztätigkeit gehemmt sein kann, ohne daß das Leben für die nächsten 15 Minuten entwichen ist. Der elektrische Tod beginnt als Scheintod, aus dem in den meisten Fällen noch Errettung möglich ist. Es ist dafür zu sorgen, daß das Herz alsbald wieder seinen regelmäßigen Schlag beginnt, der Blutumlauf im Gang bleibt, andernfalls tritt nach einer Viertelstunde wegen mangelhafter Blutversorgung eine innere Erstickung der Gehirnrinde und des Atmungszentrums im verlängerten Mark ein.

Künstliche Atmung: Man lege den Scheintoten flach mit dem Rücken auf einen festen Tisch oder auf den Erdboden. Der Rücken bis unter die Schultergegend herauf sei durch zusammengerollte Kleidungsstücke erhöht, so daß der Brustkorb stark vorgewölbt wird, die Schultern aber tiefer liegen. Der Kopf sei durch ein zweites Polster besonders bei elektrisch Verunglückten, ferner bei allen Bewußtlosen mit blaurotem, gestautem Gesicht (bei Erstickten, Erhängten usw.) leicht erhöht, um den Blutdruck im Gehirn ja nicht zu vermehren, den Abfluß des venösen Blutes aus dem Kopf zu erleichtern. Dann stellt sich der Helfer zu Häupten des Verunglückten, ergreift dessen beide Arme in der Gegend der Ellenbogen und erhebt sie ausgestreckt gleichzeitig und langsam über den Kopf des Kranken nach oben und hinten, so daß beide über den Kopf hinaus am Erdboden vollkommen ausgestreckt sind. Hier hält er sie zwei Sekunden lang fest (Einatmung). Durch diese Bewegung werden die Rippen gehoben, der Brustkorb wird ausgedehnt, die Luft kann durch Nase, Kehlkopf, Luftröhre, wenn diese frei und offen stehen, in die Lunge eindringen. (Siehe Fig. 16.)

Dann bringt er die Arme gleichzeitig auf demselben Wege beiderseits zur Brust des Verunglückten zurück und drückt sie sanft

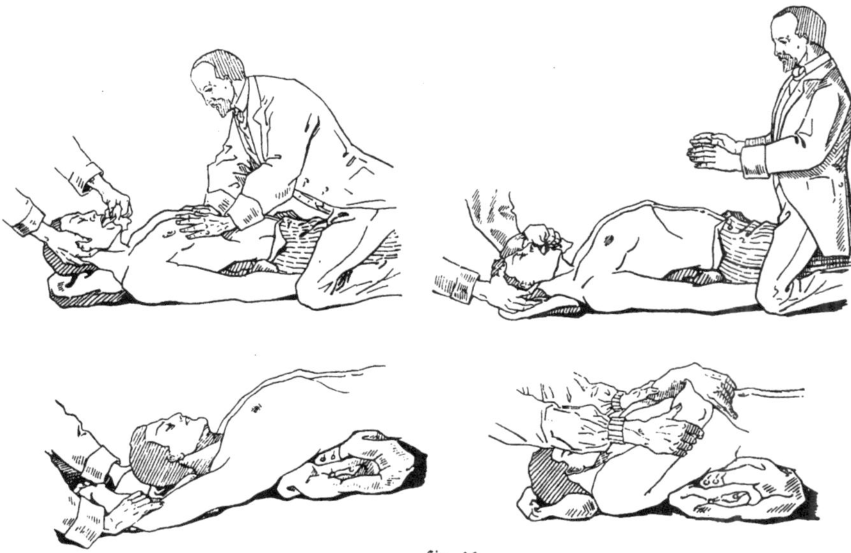

Fig. 16.

Obere Reihe: links, Ausatmung unter Vorziehen der Zunge nach Howard, rechts Ausatmung nach Laborde und Howard, unter Lockerlassen der Zunge mittels Taschentuchs und Vorschieben des Kieferwinkels mittels des Zeigefingers.
Untere Reihe: links, Einatmung nach Silvester, rechts, Ausatmung nach Silvester.

zwei Sekunden lang an die Rippenbogen seitlich an (Ausatmung); durch die Verengerung des Brustraums, wird die Luft aus der Lunge ausgepreßt (Methode Silvester). (Siehe Fig. 16.)

Dieser Wechsel der Streckung beider Arme über den Kopf, ihr Andrücken an die Seiten des Brustkorbes soll in der Minute 15 mal ausgeführt werden (nicht schneller). Sind zwei Helfer anwesend, so können beide zusammen, jeder mit einem Arm in derselben Zeitfolge, die Bewegungen gleichzeitig machen.

Es ist genau darauf zu sehen, daß nicht die Mitte des Brustkorbes oder die Baucheingeweide gedrückt werden. Wegen des Druckes auf den Magen und des dadurch bedingten Erbrechens darf die untere Rumpfhälfte, die Rippenbogengegend, nicht höher gelagert werden als der Kopf.

Ein anderes Verfahren (Methode Howard), bestehend in Flachdrücken des Brustkorbs mit beiden Händen, indem man sich rittlings über den Verunglückten kniet, empfehle ich weniger wegen der Möglichkeit des Auspressens von Mageninhalt nach oben in den Schlund und der Gefahr von Rippenbrüchen und Leberzerreißungen. Dieses Verfahren muß aber angewendet werden, wenn wegen Verletzungen die Arme nicht bewegt werden dürfen.

Ist die Zunge in den Rachen zurückgesunken, so muß sie mittels der mit einem Taschentuch umwickelten Finger hervorgeholt und festgehalten werden. (Siehe Seite 13, 25, 26, 65). Gleichzeitig sehe man öfters nach, ob der Rachen nicht durch erbrochene Massen verstopft ist. Auch das rhythmische Vorziehen der Zunge mittels eines Taschentuches hat oft den Erfolg, daß die Atmung wieder einsetzt. Das Ziehen an der Zunge soll gleichzeitig mit der künstlichen Einatmung (Ausstrecken der Arme über den Kopf, Ausdehnung des Brustkorbs) 15 mal in der Minute gemacht werden. (Methode Laborde.)

Man vermeide bei diesen Rettungsarbeiten jede Hast und rohe Gewalt. Die künstliche Atmung muß viele Stunden fortgesetzt werden. Das Herz fängt oft erst nach geraumer Zeit wieder regelmäßig und fühlbar zu arbeiten an. Leichte Erschütterungen der linken Brustseite (Herzmassage) durch stoßweises Reiben mit der flachen Hand, Abklatschen mit einem nassen Tuch begünstigen dies. Der Wiederbeginn der Blutzirkulation und der selbständigen Atmung gibt sich durch Rötung des Gesichts oder Blässerwerden des tiefroten Gesichts und durch unregelmäßiges, schluchzendes Einziehen von Luft in den Kehlkopf zu erkennen. Der Verunglückte atmet dann während der künstlichen Atmung mit, aber anfangs noch unregelmäßig.

Unterstützt werden die Wiederbelebungsversuche durch äußere Reizmittel, namentlich durch vorsichtige Sauerstoffeinblasungen in die Nase mittels Gasballon und -bombe, am besten mittels *Draeger*-Apparates (aus Lübeck).

Ähnliche Mühe muß man sich bei *Ertrunkenen*, *Erhängten* und *Erstickten*, *Vergifteten* geben. Auch bei Verschütteten kann es notwendig werden, die künstliche Atmung einzuleiten. *Verschüttete* oder *Eingeklemmte* dürfen nur sehr vorsichtig bewegt werden wegen der Gefahr, daß etwa vorhandene innere Verletzungen oder Knochenbrüche verschlimmert werden (siehe Seite 25 und 90). *Ertrunkene* soll man, um Wasser aus Rachen und Lunge zu entfernen, vorher auf die Seite legen und rollen, aber nicht stürzen. (Siehe Seite 90).

Schaefer in Edinburg empfiehlt, bei ihnen die künstliche Atmung auf folgende Art zu machen: Der Verunglückte wird auf den Bauch gelagert, seine Arme unter der Stirne gekreuzt oder seitlich ausgestreckt, sein Gesicht etwas zur Seite gewendet. Der Helfer kniet stark gebeugt neben der Hüfte des Verunglückten und legt seine Hände so auf dessen Rücken unterhalb der Schulterblätter, daß die beiden Daumen rechts und links die Wirbelsäule berühren, die gespreizten Finger aber nach vorn die hinteren Brustflanken umgreifen. Dann richtet der Helfer sich aus dem Kniesitz nach vorn in den Kniestand halb auf, überträgt sein Rumpfgewicht auf seine Hände zu starkem aber gleichmäßigem Druck, so daß der Brustkorb des Verunglückten ausgepreßt wird (Ausatmung). Geht dann der Helfer zurück in die Kniehocke, so hört der Druck auf seine Hände, die unverrückt liegen bleiben, auf, der Brustkorb federt in die Einatmungsstellung zurück. Diese beiden Stellungen, bei denen auch Wasser und Schleim aus der Lunge gepreßt werden, sind etwa 15 mal in der Minute zu wechseln.

Um Irrtümer zu vermeiden sei erwähnt, daß durch Blutverlust oder Schreck Ohnmächtige, Gehirnverletzte und solche, die durch Sturz oder Schlag auf den Kopf eine Gehirnerschütterung erlitten haben, auch den Eindruck erwecken, als ob sie nicht mehr atmen. Man wird aber bei näherer Untersuchung den Hauch der Atmung, wenn auch oberflächlich, und ebenso den Puls fühlen können. (Siehe Seite 13 und 19.) In solchen Fällen (auch bei Schlaganfall, hinfallender Krankheit, hysterischen Krampfzuständen, bei Ausbleiben der Atmung durch innere Erkrankung) ist künstliche Atmung schlecht angebracht; derartige Versuche könnten nur schaden; hier sind ruhige Lagerung, Öffnen der beengenden Kleider und kalte Umschläge auf den Kopf die Hauptsache. Werden Puls und Atmung stetig schlechter, so gehört dies zu den Zeichen des herannahenden Todes. (Siehe Hilfeleistungen bei Unglücksfällen, III. Abschnitt, Seite 85, 87). —

7. Knochen- und Gelenkverletzungen.

Grundsätze: Lagere den Verletzten auf den Rücken und stütze auf einer weichen Unterlage die gebrochenen oder verrenkten Gliedmaßen in einer möglichst bequemen, etwas erhöhten Stellung, in welcher der Kranke am wenigsten Schmerz verspürt. Schicke sofort zum Arzt. Inzwischen mache kalte Umschläge (zweckmäßig mit Bleiwasser) auf die schmerzende Stelle. Ist Transport sofort nötig, so befestige in Ermangelung von Schienen den verletzten Arm am Brustkorb, das kranke Bein am gesunden mit einigen bandartig zusammengelegten Tüchern.

I. Den Knochenbruch erkennt man am ehesten durch Vergleich mit der gesunden Seite. Man bemerkt dann, daß der verletzte Körperteil eine unnatürliche Stellung hat, nach außen oder innen vorsteht, daß er vielleicht während der Lagerung an einer Stelle, wo kein Gelenk ist, beweglich ist. Alle Versuche aber, Beweglichkeit an ungewöhnlicher Stelle genauer zu untersuchen, sind schlecht angebracht. Der Kranke darf auch nicht versuchen, mit einem möglicherweise gebrochenen Beine weiterzugehen. Wenn nämlich von den beiden Knochen eines Unterschenkels nur das Wadenbein gebrochen ist, kann der Verletzte noch kurze Zeit auf dem Beine stehen und gehen. Dadurch wird aber die Verletzung schwerer. Beinverletzte sollen daher immer sitzend oder liegend transportiert werden, gleichviel ob es sich um einen Knochenbruch oder eine Verstauchung handelt. Es gibt auch Brüche, z. B. an der Armspeiche oberhalb des Handgelenkes, welche sich nur durch Schmerz und Schwellung, wie bei einer Verstauchung des Handgelenkes, äußern. Wird in solchen Fällen keine ärztliche Hilfe geholt, so kann das Gelenk steif oder krumm werden.

Weitere Kennzeichen eines Knochenbruchs sind also Schwellung, Schmerzen an einer bestimmt umschriebenen Stelle des Knochens, Behinderung der freien Bewegungen des Körperteils. Aber auch diese Zeichen können geringgradig sein, wenn es sich nur um Knochensprünge oder Bänderabreißungen handelt.

In solch zweifelhaften Fällen ist es immer gut, den Notverband so anzulegen wie bei einer schweren Verletzung, da die Tiefe und Ausdehnung der innern Zerreißung oft schwer zu überblicken ist.

Der Notverband besteht bei Knochenbrüchen a) in Befestigung eines kalten Umschlags über der geschwollenen schmerzhaften Körpergegend mit einigen lockeren Bindengängen oder mit einem zu einer Binde zusammengelegten dreieckigen Tuche (Serviette, Handtuch u. dgl.). v. Esmarch hat ein dreieckiges Tuch von 1 bis 2 m Länge angegeben, welches für diese Zwecke vorzügliche Dienste leistet. Es ist zum Selbstunterrichte mit Verbandfiguren bedruckt, welche seine Verwendung erläutern. (Siehe Seite 38 und Seite 73 Fig. 17.) b) im Anlegen eines Verbandes und einer Schiene zur Ruhigstellung des verletzten Knochens.

Als Schienen sind verwendbar: Pappestreifen, Holzbrettchen, Faßreifen, Strohgeflecht, Baumzweige, Baumrinde, Bergstöcke usw. Ihre Länge muß immer vorher so bemessen werden, daß das dem Knochenbruch zunächst liegende obere und untere Gelenk mit in den Verband hereinbezogen wird. Sind genügend Binden vorhanden, so wird der gebrochene Körperteil zunächst in der Richtung zum Herzen sehr locker eingewickelt, dann die gut (mit Watte, Moos, Tüchern u. dergl.) gepolsterte Schiene angelegt. (Siehe Seite 40.) Namentlich ober- und unterhalb der Bruchstelle, der Gelenkvorsprünge (Knöchel, Ellenbogen, Gelenkknorren, Gelenkbeuge) muß die Polsterung so reichlich sein, daß der vorragende Knochenteil hohl, druckfrei liegt. Die gepolsterte Schiene wird alsdann mittels Binden oder Tuchstreifen an den gebrochenen Körperteil mäßig fest angebunden.

Während des Verbindens wird der verletzte Körperteil samt Schiene gleichzeitig am obern und untern Ende unter leichtem, gleichmäßigem Anziehen in Untergriff gehalten (siehe Seite 40).

In Kürze seien einige Knochenbruchverbände beschrieben. Bei allen Knochenbrüchen der oberen Gliedmaßen wird der Ellenbogen rechtwinklig gebeugt gehalten und gelegt, so daß der Kranke in seine Hohlhand sieht.

1. Schlüsselbeinbruch und Knochenbrüche in der Nähe des Schultergelenkes: Der Vorderarm wird vor der Brust in ein Armtragtuch gelegt. (Siehe S. 39 und S. 73 Fig. 17.) Auf die geschwollene, schmerzhafte Körperstelle kommt ein kalter Umschlag (Eisbeutel).

2. Oberarmbruch: Bei vielen Brüchen genügt für den Notfall das Armtragtuch. Dazu kann man den Oberarm noch durch einige kurze an seiner Außen- und Innenseite angelegte und mit Tuchstreifen angebundene Brettchen unterstützen. (Siehe Fig. 17). Bei beweglichen, sehr verschobenen Knochenbrüchen müssen außerdem stützende Schienenstreifen (z. B. Pappendeckel oder Bandeisen) das Schulter-, Ellenbogen- und Handgelenk überbrücken; der eine an der Streckfläche, der andere an der Außen- oder Innenseite, beziehungsweise Beugefläche des Armes. Diese Schienen, am Ellenbogen rechtwinklig geknickt, werden mit Bindengängen oder Tuchstreifen (einer kreuzweise um das Handgelenk, zwei andere kreisförmig unterhalb und oberhalb des Ellenbogens, der vierte kreisförmig am Oberarm, der fünfte schief um Schulter und Rumpf) festgehalten. (Fig. 18 und 19, Seite 74).

Fig. 17.
Armtragschlinge und Notverband mit Schienen für den Oberarmbruch nach v. Esmarch.

3. Vorderarmbruch: Die Beuge- oder Streckfläche des Vorderarmes wird auf ein gepolstertes Brettchen oder Pappendeckelstück gelegt. Diese Schiene soll von den Fingern bis zum Ellenbogen reichen; noch sicherer aber geht sie von hier in rechtwinkliger Biegung bis zur Mitte des Oberarmes; sie wird mit zwei oder drei bindenartig zusammengelegten Tüchern am oberen und unteren Ende, sowie in der Mitte an den verletzten Arm angebunden. Dieser kommt alsdann in die Tragschlinge vor die Brust oder wird im Bett hochgelagert. (Fig. 20.)

4. **Ober- oder Unterschenkelbruch.** Bei Rückenlage des Verletzten werden längs der Außen- und Innenseite des Beines Stöcke oder Holzleisten usw. als Schienen angelegt, mittels Riemen, Gurten oder Binden in querer Richtung um das ver-

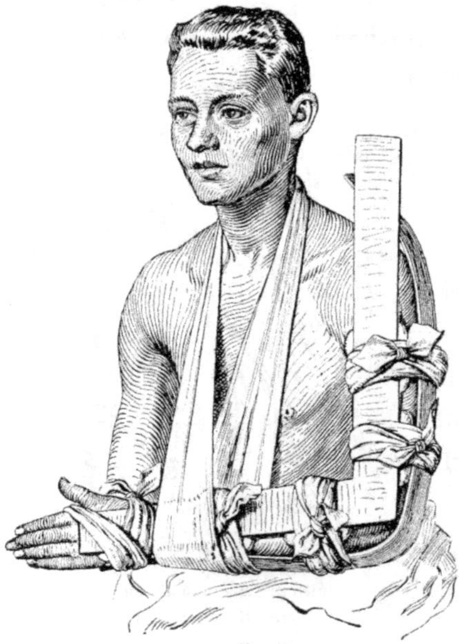

Fig. 18.
Anlage des Oberarmbruchverbandes aus Pappenschienen unter Einschluß der Schulter mittels Tücher nach Hoffa-Grashey.

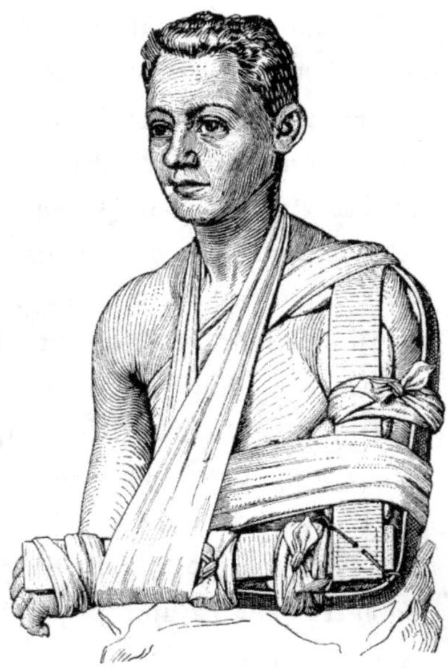

Fig. 19.
Fertiger Oberarmbruchverband mit einem schiefen und einem wagrechten Tuch um Rumpf und Hals befestigt nach Hoffa-Grashey.

letzte Bein befestigt. Dieses wird hierbei möglichst natürlich gestellt d. h. der Fuß rechtwinklig zum Unterschenkel, das Knie schwach gebeugt, im übrigen aber das Bein ausgestreckt und hochgelagert. (Fig. 21.)

Bei Oberschenkelbrüchen muß die äußere Schiene unten den Fuß, oben die Hüfte überragen, an letzterer durch einen Riemen, Gurt oder mehrfache Tuchbänder um das Kreuz, die

Hüftknochen und den Leib unverschieblich befestigt sein (Fig. 26 Seite 80.) Beim Unterschenkelbruch geht die äußere Schiene am sichersten bis zur Mitte des Oberschenkels. (Fig. 22.)

Solche Schienen oder Stöcke kann man von beiden Seiten in ein Bettuch oder in einen Mantel wickeln, in dessen Mitte das verletzte Bein gelegt wird, während die beiden Seitenteile des Tuches samt den Schienen jederseits zum verletzten Beine herangerollt werden (Fig. 24). Man kann dazu auch abgeschnittene, mit Gras oder Moos ausgestopfte Rockärmel benutzen. Diese Hüllen werden dann mit Riemen um das verletzte Bein befestigt.

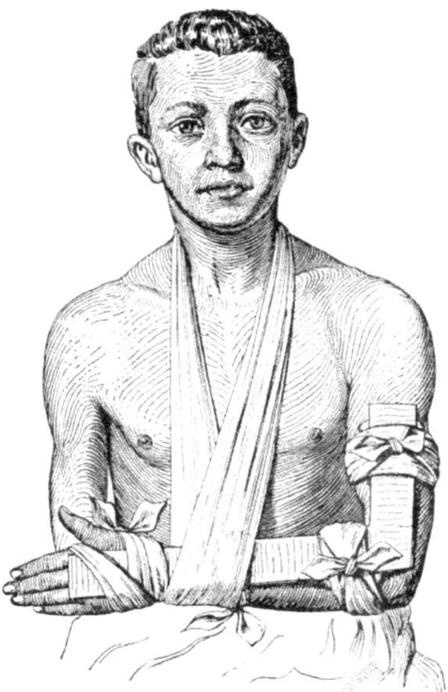

Fig. 20.
Vorderarmbruchverband mit rechtwinkliger Pappeschiene unter Einbeziehung des Ellenbogengelenkes, mittels Tücher befestigt. Der Arm ruht im kleinen Armtragtuch.
Nach Hoffa-Grashey.

Außerdem kann man das so eingewickelte Bein an dem gesunden noch durch zwei weitere Riemen oben und unten befestigen. Das gesunde dient dann dem verletzten Bein als Stütze. Der Fuß muß immer durch ein steigbügelförmig über die Sohle gehendes Tuchband rechtwinklig zum Unterschenkel gestützt werden (Fig. 21 und 24).

Die seitlichen Beinschienen dürfen nicht nach oben oder hinten verrutschen, sie müssen also gut anliegen. (Fig. 25).

Alles starke Ziehen an gebrochenen oder verrenkten Gliedmaßen zum Zwecke der Einrichtung ist verboten. Es können hierdurch Gelenkbänder verletzt, Muskeln und Blutgefäße unter sehr schädlichen Nachblutungen zerrissen werden. Es kann aber auch, und dies ist die größte Gefahr, durch unvernünftigen Zug das spitze Ende eines gebrochenen Knochens gegen die äußere Haut getrieben und durch diese gestoßen werden; dann haben wir es mit der lebensgefährlichen Form eines **komplizierten Knochenbruchs** zu tun. Hat von vornherein durch die Wucht der Verletzung die äußere Haut in der Nähe des Knochenbruchs ein Loch bekommen, ist also die Gefahr eines komplizierten Knochenbruchs naheliegend, oder steht wirklich das Knochenende aus der Hautwunde, so darf diese Wunde nicht berührt werden. Der vorstehende Knochen darf nicht hineingedrückt werden, sondern höchstens mit frisch ausgekochter Leinwand und mit frisch gekochtem Wasser oder mit Sublimatgaze und Sublimatwasser (1 : 2000) anhaftender Straßenkot, Erde, Schmutz abgespült werden. Als Verband lege man darüber frisch ausgekochte Leinwand (sterile Gaze) oder Sublimatgaze. Die Blutung steht durch festes Andrücken dieses Verbandes mittels Binde, zusammengelegtem dreieckigem Tuch und durch Hochlagerung. Darüber wird Schienenverband angelegt wie oben. In solchen Fällen ist ärztliche Hilfe noch dringlicher als sonst.

Fig. 21.
Notverband für den Fußwurzel- und Knöchelbruch, zeigt die Lage des Steigbügeltuches auch auf der Sohlenfläche.

Fig. 22.
Verband für Unterschenkelbruch oberhalb der Mitte nach Hoffa-Grashey.

Der Unterkieferbruch wird mit einfachem oder doppeltem Kinntuch ruhig gestellt (siehe Seite 38); in gleicher Weise kann ein 60 cm langes 20 cm breites rechteckiges Tuch, das an beiden Schmalseiten zu je einem Drittel längsgespalten ist, mit gekreuzten Zipfeln als Kinnschleuder gebunden werden).

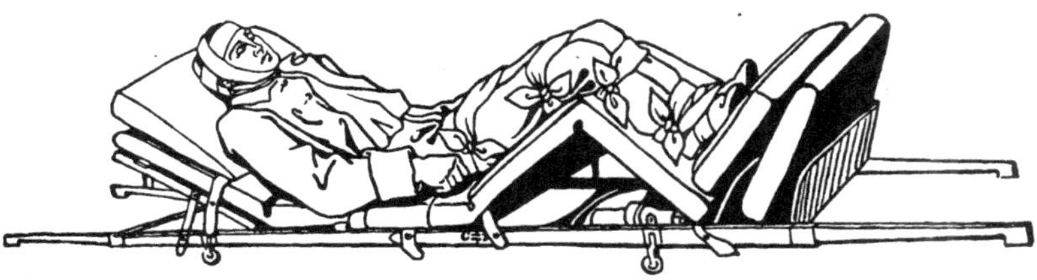

Fig. 23. Lagerung des Verletzten auf der doppelt geneigten schiefen Ebene (mit aufklappbarer Trage) bei Kopf- und Bauchverletzung, Oberschenkelbruch; letzterer ist durch Tuchverband um beide Beine ruhiggestellt.

Bei Schädel-, Becken-, Wirbelbrüchen soll der Verletzte in einer möglichst bequemen Lage (z. B. auf dem Rücken oder der gesunden Seite), in der er die geringsten Schmerzen äußert, ruhig liegen bleiben; etwaige Wunden sind antiseptisch oder

Fig. 24.
Doppeltgerollter Mantel als Notverband für Unterschenkel- und Knöchelbruch, alpiner Rettungsverband, zeigt rechts die Lage des Steigbügeltuches am Fußrücken.

steril zu verbinden, starke Blutungen zu stillen; ein Transport ist erst nach sachverständiger Vorbereitung zu wagen. Alle anderen Hilfeversuche, z. B. der Transport durch ungeübte Personen, mit ungenügender Trägerzahl schaden.

Bei Rippenbrüchen, Quetschungen des Brustkorbs liegt der Verletzte der freieren Atmung wegen, besser auf der verletzten Seite. Ein rechteckiges Tuch quer um den Brustkorb und den seitlich anliegenden Arm gewickelt stellt sowohl Rippen- als auch im Notfall Armbrüche ruhig.

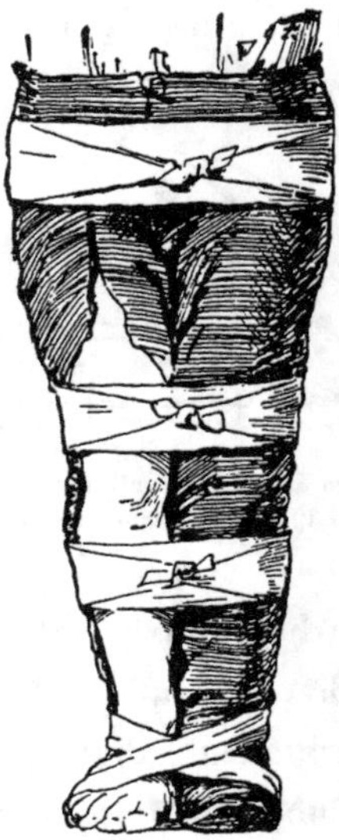

Fig 25. Notverband für Beinbruch durch Befestigung des verletzten Beines am gesunden mittels zusammengelegter dreieckiger Tücher.

II. Unter Verrenkung versteht man die Entfernung des Gelenkknochenendes aus seiner Gelenkpfanne. Die Gegend des Gelenkes erscheint dann gerade so wie bei einem Knochenbruch- geschwollen und verschoben in unregelmäßiger, von der gesunden Seite abweichender Richtung. Berührung und Bewegung des Gelenkes ist äußerst schmerzhaft, fast unmöglich; der verletzte Körperteil wird in unnatürlicher Stellung unter großen Schmerzen fest und steif gehalten.

Es gibt Knochenbrüche, die wie eine Verrenkung aussehen. Eine genaue Unterscheidung ist für eine richtige Nothilfe gar nicht notwendig. Das ist Sache des Arztes, der die anatomischen Verhältnisse genau kennt, die Lage der Knochenenden mit den von unserem Physiker v. Röntgen entdeckten Strahlen nachweisen kann. Oft genug findet er, daß neben der Verrenkung Knochenstücke abgesprengt sind. Für den Notfall lagere man das verletzte Glied hoch in möglichst bequemer Stellung. Schienenverbände sind meist unnötig; für den Arm genügt ein dreieckiges Tuch als Tragschlinge (Fig. 16, Seite 73). Alle Einrichtungsversuche sind gefährlich; auf die schmerzhafte Stelle wird ein kalter Umschlag mit Bleiwasser, Schnee, oder Eis gemacht. Der Arzt muß so schnell als möglich geholt werden, weil mit der längern Dauer der Verrenkung die Schwellung und der Bluterguß zunehmen, die regelrechte Einrichtung immer schwieriger wird. Nach tage- und wochenlanger Behandlung durch einen Pfuscher ist eine veraltete Verrenkung ohne Operation überhaupt nicht mehr einzurichten. Es gibt keine Salbe eines sogenannten Einrichters, kein Sympathiemittel zur Heilung einer derartigen Gelenkschwellung. Solchen Aberglauben mußten schon viele Menschen mit einem steifen Gelenk teuer bezahlen.

III. Verstauchung ist eine Zerrung oder Zerreißung der Gelenkbänder unter Blutaustritt; die Gelenkenden sind dabei in ihrer natürlichen Lage zueinander verblieben. Das Gelenk behält im allgemeinen seine äußere Form, kann aber durch Zunahme des Blutergusses stark schwellen, sehr schmerzen, so daß Laien eine Gelenkverstauchung von einer Verrenkung oder einem Knochenbruch in der Nähe des Gelenkes nicht unterscheiden können. Es ist daher geraten, eine Gelenkverstauchung genau so vorsichtig wie eine Verrenkung zu behandeln. Ein feucht-warmer oder kalter Umschlag (mit Wasser, Bleiwasser, Arnikatinktur) unter Hochlagerung genügt bis zur Ankunft des Arztes. Empfehlenswert ist namentlich bei Quetschung des Knie- oder Fußgelenkes eine ziemlich feste, sofortige Einwickelung in der Richtung nach dem Herzen zur Verhinderung des Blutergusses. Aus diesem Grunde sind auch alle Gelenkbewegungen untersagt. Besteht Verdacht auf Knochenverletzung, so ist Schienenlagerung notwendig.

8. Transport Verletzter.

Hat sich der Verletzte vom ersten Schrecken erholt, und ist der Notverband richtig angelegt, so kann er bei Verletzungen der Arme langsam seinen Weg nach Hause unter stützender Begleitung antreten. Ebenso können Verletzte, welche eine leichte Quetschung am Oberkörper erlitten haben, vorausgesetzt, daß sie nicht bewußtlos waren oder viel Blut verloren haben, mit Unterstützung heimgehen.

Vorsichtig getragen aber muß werden: 1. wer durch eine Verletzung, wenn auch nur für einige Augenblicke, bewußtlos war, 2. insbesondere wer eine Gehirnerschütterung (siehe Seite 23) 3. eine Blutung besonders aus einer tiefen Schädelwunde durchgemacht hat, 4. ferner wer an den Beinen verletzt ist, gleichgültig,

Fig. 26. Aufheben zu Dreien vom Boden zur Kniestellung (erste Position) mittels Untergriff der ganzen Arme bei Oberschenkelbruch.

ob es sich um eine schwere Verstauchung, einen Knochenbruch oder eine große Wunde handelt (siehe Seite 71) und 5. wer nach heftigen Blutverlusten einen Druckverband erhalten mußte (siehe Seite 45 u. 48.)

Verletzte, welche eine größere Blutung am Halse, oder am Schädel erlitten haben, eine tiefgehende Verletzung oder Blutung der Bauch-, Brusthöhle vermuten lassen oder durch Erschütterung bewußtlos sind, ferner diejenigen, welche durch Verletzung der Wirbelsäule an den Beinen gelähmt sind, endlich alle, die eine schwere Schuß-, Stich- oder Quetschwunde unterhalb der Brustwarzen in der Bauchgegend zeigen, sollen, wenn es angängig ist, in den nächsten Stunden überhaupt nicht transportiert werden.

Der Transport muß stets ruhig in langsamem Schritt ohne Rütteln oder Stoßen stattfinden. Der Kranke darf durch den Transport keinen Schaden erleiden.

Fig. 27.
Tragen zu Zweien bei Oberarmbruch.

Ein Helfer kann einen Verletzten kurze Strecken vor sich auf den Armen oder aufgehuckelt auf dem Rücken tragen. Ganz unzweckmäßig aber ist es einen Verletzten, namentlich wenn er halbohnmächtig oder an der unteren Körperhälfte verletzt ist, nur an den Armen untergreifend, wegzuschleppen. Zwei Helfer können den Verletzten, der eine unter den Achseln, der andere an Hüfte und Beinen fassend, weiter tragen. Die Helfer greifen hierbei entweder von einer Seite her mit den Armen über die Rückfläche des Verletzten durch oder der eine Helfer steht am Kopfende des Verletzten und faßt unter die Achselhöhle durch, der andere steht zwischen den Beinen des Verletzten und umfaßt dessen Oberschenkel von oben außenher. Die Helfer reichen sich die Hände und lassen den Verletzten darauf sitzen; dieser legt seine Arme, wenn diese unverletzt sind, den Helfern über den Nacken (siehe Figur 27.) Auch kann das eine Armpaar der Helfer als Sitz, das andere als Rückenlehne dienen. Anstatt auf den verschlungenen Händen kann man den Verletzten auf einem Strohseilkranz sitzend oder auf einem Gurt, einem Stuhl mit zwei durchgesteckten Stöcken weitertragen. Beim Aufheben und Tragen darf der Verletzte so wenig als möglich mithelfen.

Das beste Transportmittel bleibt immer die Tragbahre oder die Tragschleife. Die Tragbahre (Trage) wird von einem Vorder- und Hintermann in ungleichem Schritt und Tritt mit den Händen, nicht auf den Schultern, getragen; die Tragschleife besteht aus zwei langen dünnen Baumstämmen zwischen deren einen Enden ein Zugtier eingesattelt ist, während die anderen Enden auf dem Boden nachschleifen (Gebirgstransport auf zwei Fichtenstämmchen mit einem Maultier).

Eine Nottrage kann man herrichten aus einer Leiter, aus Türen, Fensterläden, aus Strohsäcken, wollenen Decken mit Riemen oder aus einem zugeknöpften Mantel, Tornister, Rucksack, durch welche man an beiden Seiten Bergstöcke o. dergl. steckt. Hat man eine Hängematte oder ein Leintuch zur Verfügung, so genügt ein fester Stock. Ganz vorzüglich zum Krankentransport im Gebirge eignet sich eine Rückenkraxe, auf welcher der Kranke in sitzender Stellung befestigt wird; ein gebrochenes Bein kann hiebei an eine wagrechte Verlängerung an die Kraxe angeschient werden. Der Rahmenbau eines Zweirades ließe sich auch zum Tragen verwenden, auch zwischen zwei nebeneinander fahrende Zweiräder läßt sich eine Trage mit Riemen und Stangen hineinpassen. Kurz, hier ist dem Erfindergeist ein weites, dankbares Feld eröffnet.

Alle diese Nottragen müssen vor dem Gebrauch auf ihre Festigkeit geprobt werden.

Um einen Verletzten auf die Trage zu legen, bedarf es der Hilfe von zwei bis vier Menschen: Zwei (oder drei) davon heben den Kranken, während in der gleichen Richtung die Trage neben dem Kranken steht, durch Unterfassen auf der gleichen nicht verletzten Seite, der eine den oberen Teil des Rumpfes und den

Kopf, der andere die Beine und Hüften von hinten stützend, auf, während sie mit dem Knie, welches dem Kopfende des Kranken näher ist, auf dem Boden knien. Wichtig ist es, daß bei dem Untergreifen der Kranke ganz auf die Arme der Hebenden zu liegen kommt, so daß deren Hände noch an der freien Seite des Kranken anliegen. Der Kopf des Kranken wird von dem einen Ellenbogen des obersten Trägers gestützt. Ist der Kranke nicht bewußtlos, kann er seine Arme gebrauchen, so schlingt er diese um den Nacken des obersten Trägers. (Siehe Fig. 26, Seite 80). Auf diese Weise kommt der Verletzte nach dem Aufheben auf die Oberarme und Brust der Tragenden in halb seitlicher Wendung seines Körpers zu den Trägern sicher zu liegen. Das Erheben geschieht ohne Ruck langsam gleichzeitig auf langsames Kommando. Ein Dritter, beziehungsweise Vierter, von der entgegengesetzten Seite helfend, kann noch besonders den verletzten Körperteil halten oder, auf der andern Seite der Trage stehend, den Kranken in Empfang nehmen. Der Kranke wird auf Polstern (aus Kleidern) auf der Trage gelagert, und zwar ist es beim Tragen für den Verletzten beruhigender, wenn sein Gesicht nach der Richtung des Weges sieht. Bergauf muß aber bei Beinverletzungen der Kopf des Verletzten nachfolgen, bergab vorausgehen. Ähnlich verhält es sich beim Transport der Trage treppaufwärts; hierbei muß das nachfolgende Kopfende der Trage mit gebeugten Ellenbogen in Schulterhöhe gehalten werden. Um das Ausrutschen der Trage zu vermeiden, verwende man immer Schultertraggurten (oder -bänder[1]).

[1]) Siehe auch: Feßler, Taschenbuch der Krankenpflege, Verlag der „Ärztlichen Rundschau" von O. Gmelin, München 1909. 3. Auflage.

III. Abschnitt.

Hilfeleistungen bei Unglücksfällen.

Der Nothelfer hat nicht allein innere und äußere Beschädigung einzelner Körperteile, sondern gleichzeitig das Allgemeinbefinden, das Bewußtsein des Verunglückten zu beachten.

Oft kann gerade hier mit der Rettung am besten und schnellsten eingesetzt werden. Aus der Tiefe und Art einer Bewußtseinsstörung kann er auch Rückschlüsse auf die Schwere des Unfalles und dessen Ursache machen und sofort die geeigneten Gegenmittel anwenden.

Bewußtlosigkeit kann außer durch Verletzungen (s. Seite 24), Erschütterung (s. Seite 22), Blutverlust (s. Seite 26), elektrischen Schlag (s. Seite 61), auch durch Kreislaufstörungen, Stoffwechsel-, Nervenschädigungen verursacht werden: Infolge mangelhafter, unzweckmäßiger Ernährung, schlechter Blutbeschaffenheit, ungenügender Luftzufuhr, Überanstrengung, schwacher Herztätigkeit, nervöser Erregung kann plötzlich eine Blutarmut im Gehirn mit Bewußtlosigkeit, Ohnmacht auftreten; hysterische und epileptische Geisteskrankheiten (auch Gehirnerweichung,) äußern sich häufig durch Bewußtseinsstörung; hierher gehört auch der Schlaganfall (Apoplexie), bei welchem infolge Gefäßzerreißung Blut in das Gehirn austritt; Herzklappenfehler, Herzmuskelverfettung können Herzschlag mit plötzlicher Bewußtlosigkeit verursachen. Auch bei

Stoffwechselkranken (Zucker-, Nierenkranken) sieht man ähnliche, sehr gefährliche Zufälle; hier handelt es sich meist um chemische Giftwirkungen im Blut oder im Nervensystem. Betäubend wirken auch die Gifte, die Krankheitserreger bei fieberhaften Infektionskrankheiten erzeugen. Auch viele Gifte, die mit der Nahrung (z. B. Alkohol, Opium), durch die Atmung (z. B. Kohlenoxydgas, Arsenwasserstoff bei Ballonfüllung), durch Verwundung (z. B. Schlangenbiß) in den Säftekreislauf gelangen trüben zuerst das Bewußtsein.

Die Unterdrückung der Lungenatmung (Erstickung) wirkt durch Kohlensäureanhäufung im Blut ebenfalls betäubend. Auch die Unterdrückung der Hautatmung, der Schweißabsonderung macht durch Vergiftung und Eindickung des Blutes als Hitzschlag ähnlich besinnungslos wie eine ausgedehnte Hautverbrennung.

Die einzelnen Formen streng auseinander zu halten wird dem Nothelfer in der Eile und dem Drang seiner Tätigkeit schwer fallen; aber manche Anhaltspunkte für seine Tätigkeit kann er doch durch rasche Beobachtung der Krankheitserscheinungen und ihrer Ursachen gewinnen.

Fürs erste überzeuge er sich bei jedem Bewußtlosen, ob der Puls (s. Seite 19), die Atmung (s. Seite 15,) regelmäßig, kräftig genug sind, nicht aussetzen, unbehindert vonstatten gehen; gleichzeitig sorge er für bequeme, freie, ruhige, luftige Lagerung; am besten auf dem Rücken oder auf einer Seite. Der Bewußtlose ist einzuwärmen, mit warmen Tüchern abzureiben. Es ist dann weiter zn verfahren wie bei Bewußtlosigkeit infolge von Gehirnerschütterung (s. Seite 22). Auch ist der ganze Körper auf anderweitige Verletzungen zu untersuchen; die Personalien sind festzustellen, Wertgegenstände, womöglich in Anwesenheit von Zeugen aufzubewahren, alle am Rettungswerk Unbeteiligten sind strenge fernzuhalten.

Stockt die Atmung, dann beginne man je nach Umständen mit künstlicher Atmung, vergewissere sich aber vorher, ob Nase, Mund, Rachen, Kehlkopf unbehindert Luft durchtreten lassen (s. Seite 65—69).

Bei Ohnmacht, wie sie im Gedränge, heißem Raume, aus Schrecken, Angst häufig beobachtet wird, genügt meist wagrechte Lagerung unter Lockerung der Kleider, kalte Abreibung des Kopfes zur Anregung der Herztätigkeit; damit weicht die Blässe des Gesichtes, die Atmung wird tiefer, der Puls kräftiger. (S. Seite 49).

Nach Wiederkehr des Bewußtseins muß der Kranke eingewärmt noch einige Zeit liegen bleiben, da bei Erheben des Oberkörpers sofort wieder Bewußtlosigkeit eintreten kann; deshalb darf ein blutarmer, schwacher Kranker, bei dem Ohnmacht zu fürchten ist, auch nur liegend transportiert werden. Mit Stärkung durch Getränke (Suppe, Tee, Milch, Grog) sei man vorsichtig wegen der Gefahr des Verschluckens. Ob der Kranke richtig schluckt, erkennt man daran, daß beim Einflößen von wenigen Tropfen der Kehlkopf ohne Hustenanfall sich zuerst nach auf- dann abwärts bewegt. (Siehe Seite 13.)

Bei länger dauernder Ohnmacht ist ärztlicher Rat unbedingt nötig. Solche langdauernde Bewußtseinsstörungen, tiefe Schlafzustände werden bei Geisteskrankheiten (Hysterie, Delirium, Koma), Stoffwechselkrankheiten (Zuckerharnruhr, Nierenleiden), Infektionskrankheiten (Tollwut, Starrkrampf), bei Vergiftungen (z. B. Alkoholismus) mit Zuckungen, Starrheit oder Schlaffheit der Muskeln beobachtet.

Sie können vom Zustand des Scheintodes nach stunden- und tagelanger Dauer zum Tode führen. Atmung und Puls sind kaum fühlbar (siehe Seite 13, 19). Der Körper kann totenblaß und kalt sein. Man wird ihn einwärmen, äußere Reizmittel versuchen (Senfteige auf die Waden legen usw.), und die künstliche Atmung einleiten. Bei Atmungsstillstand infolge innerer Erkrankung hat natürlich die künstliche Atmung wenig Zweck.

Zeichen des eintretenden Todes sind: Blässe der Haut, Herabsinken des Unterkiefers, stärkste Erweiterung der Pupillen, der keine Verengerung auf Lichteinfall folgt, Schlaffheit aller Muskeln, außer bei schon eingetretener Todesstarre, Auftreibung des Bauches durch Lähmung der Darmmuskulatur. Weiterhin verfärben sich die seitlichen Bauchgegenden grün-gelb, an den abhängigen Körperflächen entstehen in der Haut blaurote Totenflecken, die sichtbaren Schleimhäute werden blaß, trocken, der Augapfel wird schlaff, die Hornhaut trüb, glanzlos. Leichengeruch wird bemerkbar. In der Wärme treten diese Erscheinungen rascher ein als in der Kälte. — Tropft man auf einen toten Körper heißes Wachs, Siegellack, so entsteht keine Entzündungsröte, keine Brandblase. Ein unterbundener Finger schwillt nicht an und die Finger scheinen, gegen Licht gehalten, nicht mehr rosa durch. Es sind dies Anzeichen des fehlenden Blutumlaufes.

Bei Schlaganfall sinkt der Betroffene unter Schwindelgefühl zu Boden, verliert rasch das Bewußtsein mit tief gerötetem Kopf, schnarchender Atmung, schlaffer Lähmung einer Körperhälfte. Zweckmäßig sind: hohe Lagerung des Kopfes, kalter Umschlag auf Kopf und Brust, unter Umständen ein Aderlaß von 1/4 Liter Blut aus einer oberflächlichen Hautblutader in der Ellenbeuge, während der Oberarm mäßig stark zum Anstauen des Blutes umbunden ist.

Bei Krämpfen Nervenkranker ist ebenfalls ruhige, bequeme Lagerung, vorsichtige Beobachtung, daß der Nervenkranke durch Zuckungen sich und andere nicht beschädigt, die Hauptsache. Verbeißt er sich die Zunge, so ist die Kieferklemme durch Einschieben eines Keils (aus Holz, Kork, Tuch) zwischen die Zahnreihen vorsichtig zu beheben.

In derartigen plötzlichen Anfällen kann Atemnot eintreten durch Nahrung, die eben verschluckt oder erbrochen wird. Der Rachen ist daher weit zu öffnen und nachzusehen, ob er frei ist (siehe S. 13).

Die Bewußtseinstrübungen epileptischer (Fallsüchtiger), hysterischer, tobsüchtiger Geisteskranker schließen wohl die freie Willensbestimmung, nicht aber selbständige, sogar überlegte Handlungen, durch die sie sich und andere schädigen können, aus. Bei Epilepsie kann der Krampfanfall durch derartige vorübergehende Störung des Bewußtseins ersetzt sein, so daß die Geisteskrankheit sehr schwer zu erkennen ist. (Selbstmordversuche, Totschlag, Brandstiftung.) Diese Kranken sind deshalb immer, wenn möglich von mehreren, mindestens aber von zweien, des Widerstandes aber auch der Zeugschaft wegen, genau zu überwachen; Geisteskranke dürfen nie (auch wenn sie scheinbar ruhig im Bade, auf dem Abort sich befinden) allein gelassen werden. Die Behandlung sei jedoch immer milde, ruhig, überlegt, nie roh. Widerspruch, grobe Gewalt steigert die Erregung des Kranken. Scheinbares Eingehen auf seine krankhaften Vorstellungen macht ihn oft gefügig. Bei Transporten muß der Geisteskranke von neugierigen Blicken möglichst geschützt werden (durch geschlossenen Wagen, eigenes Eisenbahnabteil, Dienstraum im Bahnhof). Alle Vorbereitungen hierzu müssen daher vorausgetroffen sein. — Ärztlicher Rat ist unbedingt nötig, ohne amtsärztliches Zeugnis kann der Kranke nie in die schützende Anstalt aufgenommen werden. Bis zur Ankunft des Arztes kann unter Umständen ein laues Vollbad unter Aufsicht beruhigend wirken.

Erstickung tritt ein, wenn die zum Atmen nötige, sauerstoffreiche Luft mangelt, bei Verschluß der Luftwege durch Zuhalten der Nase und des Mundes, beim Knebeln durch Zusammendrücken des Kehlkopfs, beim Erwürgen, Erdrosseln, Erhängen, durch Einklemmen des Brustkorbes in einer Seilschlinge, beim Verschütten, bei Eisenbahn-, Bauunfällen, bei Verstopfung der Luftwege oder Lungen mit Fremdkörpern (falsches Gebiß, erbrochene Speisen, Schlamm, Erde, Schnee, Flüssigkeit, Schleim, Blut, Wasser beim Ertrinken).

Die Todesursache ist hierbei hauptsächlich eine Überladung der Körperzellen mit Kohlensäure. Dieses Gas können wir zur Einatmung nicht brauchen; wenn es auch die Körperzellen, besonders die Blutkörperchen nicht auflöst, so müssen sie es doch als Zersetzungsstoff ausscheiden. (Siehe S. 11.) Mensch und Tier müssen daher in einem Raum, der sehr reich an diesem Gase ist, ersticken, auch wenn die Atmung noch eine Zeitlang weitergeht, die Zellen eine kleine Menge von Kohlensäure vertragen können. Es gibt aber auch Unglücksfälle durch Einatmung von Gasarten, die schon in sehr geringen Mengen schädlich wirken (Cyanwasserstoff [Blausäure] in chemischen Anstalten; Arsenwasserstoff bei der Ballonfüllung; Schwefelwasserstoff in Abortgruben; schweflige Säure, Schwefelkohlenstoff, Ammoniak, Benzin, Äther, Chloroform in Fabriken, bei Operationen; Kohlenoxydgas aus undichten Kaminen, Öfen; Kohlenwasserstoffgas, Leuchtgas bei Gasausströmungen; Grubengas, schlagende Wetter in Bergwerken).

Hier tritt der Tod nicht allein durch Kohlensäureüberladung des Blutes und Erstickung ein, sondern durch die giftige Wirkung dieser schädlichen Gase, welche die Blutzellen auflösen.

Nach diesen verschiedenen Ursachen und Wirkungen hat sich auch die Nothilfe zu richten: Bei Unglücksfällen durch Knebeln, Erwürgen, Erdrosseln, Ertrinken, Verschütten, ist die äußerliche Beengung der Luftwege sofort zu beseitigen, und zu untersuchen, ob nicht der Rachen durch Fremdkörper verstopft ist; Schleim, Wasser usw. müssen durch Rollen des Körpers, seitliches Beugen über das Knie, den Bettrand bei herabhängendem Kopf möglichst rasch entfernt werden. (Siehe Hilfeleistung bei Erbrechen S. 13.) Dann ist die künstliche Atmung einzuleiten, doch mit größter Vorsicht, da Zungenbein, Kehlkopf, oder Brustkorb gebrochen sein können.

Beim Abschneiden Erhängter muß der Körper unterstützt sein. Außerdem sind Reizmittel anzuwenden, und der Körper ist abzureiben und einzuwärmen.

Ertrinkende aus dem Wasser zu holen ist schwierig. Nur geübte und kräftige Schwimmer, von schweren, anliegenden Kleidern entblößt, können dies tun; der nächste Weg (stromabwärts) ist zu wählen, der mit den Wellen Kämpfende am Kopf oder Rücken erst, nachdem er bereits ermattet ist, zu erfassen und durch Rücken- oder Seitenschwimmen ans Land zu bringen. Jede Umklammerung ist durch Auswärtsdrehen der Arme, Abstoßen mit den Beinen oder Untertauchen abzuwehren. Ebenso schwer ist es im Eise Eingebrochenen zu helfen. Man kann sich ihnen nur flach auf dem Eise kriechend mittels Brettern, Stangen und Seilen nähern, um sich und den Verunglückten Halt zu bieten. Ans Land gebracht, muß der Körper sofort trocken abgerieben und eingewärmt werden.

Bei Verschüttung oder Einklemmung sind die beengenden Massen (Kies, Balken, Schnee) nur nach vorsichtiger Stützung zu entfernen, damit nicht Retter und Verunglückte weiter beschädigt werden. In Lawinen, namentlich unter Balken finden sich oft Höhlungen, die Luftzufuhr ermöglichen. Da können Rettungsarbeiten noch nach Tagen erfolgreich sein.

Erstickung in Luftarten, die zur Atmung untauglich oder giftig sind, erfordert sofortige, ausgiebige Lüftung des Raumes oder schleunigste Entfernung des Bewußtlosen.

Vor einer gründlichen Lüftung ist das Betreten eines solchen Raumes für den Retter lebensgefährlich, es sei denn, daß ihm mit Rauchhelm oder -maske Luft, Sauerstoff in einer Schlauchleitung zugepumpt oder aus einem als Tornister tragbaren Atmungsapparat mit Sauerstoffbombe und Gummiballon zugeführt wird. (Aus dem Draeger-Werk, Lübeck.) Die Lüftung geschieht in Wohnräumen durch Einschlagen von Türen und Fenstern, in Kellern, Schächten durch Auspumpen mittels Feuerspritze, Auf- und Abziehen eines geöffnetem Regenschirms, eines Eimers oder mit Eingießen von Kalkwasser. Überdies binde sich der Retter ein mit Kalkwasser oder Wasser getränktes Tuch vor Mund und Nase. Er darf nur mit Signalleine und Sicherheitsgürtel, an einem Seil gehalten, in den gefährlichen Raum einsteigen.

Handelt es sich um entzündliche Gase (Benzin, Äther, Wasserstoff, Leucht- und Grubengas), so darf kein offenes Licht angezündet, sondern nur eine elektrische oder eine durch ein feines Drahtnetz geschützte Grubenlampe benutzt werden. Diese Gase (Knallgas, schlagende Wetter) sind nämlich explosiv ebenso wie auch Mehl-Kohlen-staubluft. Nach der Explosion besteht nicht allein die Brand-, sondern auch Erstickungsgefahr durch Rauch (Kohlendunst) weiter.

Befindet sich der Verunglückte wieder in frischer Luft, so muß sofort die künstliche Atmung eingeleitet werden. Diese hat am meisten Aussicht auf Erfolg, oft nach stundenlangem Bemühen noch, bei Erstickung durch Kohlensäure (in Gärkellern) oder Schwefeläther (in der Narkose), weil diese Stoffe, nur locker an die roten Blutkörperchen gebunden, leicht wieder durch die Lungen ausgetrieben werden. Noch ziemlich viel Aussicht auf Wiederbelebung ist auch vorhanden bei Leuchtgasvergiftung, wenn der Bewußtlose nicht zu lange das Gas eingeatmet hat. Sehr giftig wirken alle anderen Gasarten, so daß der Tod auch nach Tagen noch eintreten kann, nachdem die Atmung und die Herztätigkeit bereits wieder in Gang gekommen sind (z. B. bei Kohlenoxydgas, Chloroform, Arsenwasserstoffgas usw.), weil diese die roten Blutkörperchen vernichten. Hier ist neben der künstlichen Atmung, die durch Einblasen von Sauerstoff noch verstärkt werden kann, ein Aderlaß zur teilweisen Entfernung des verdorbenen Blutes notwendig. Dies wird dann sofort durch 0,8 % steriles Kochsalzwasser mittels Darmeingießung oder Einspritzen unter die Haut ersetzt (S. 87).

Vergiftung vom Verdauungsschlauch aus kennzeichnet sich durch Erbrechen, heftige Leibschmerzen, Bewußtlosigkeit, Krämpfe, Störungen der Atmung und des Pulses, so daß diese zeitweise oder ganz aussetzen. Giftstoffe können mit der Nahrung zufällig oder absichtlich aufgenommen sein. Speisereste, Erbrochenes sind aufzubewahren, weil aus Farbe, Geruch, ihrer chemischen Zusammensetzung auf das Gift geschlossen und das geeignete Gegenmittel dann sofort besorgt werden kann.

Scharfe Gifte (Karbolsäure, Lysol, Kresol, Salzsäure, Salpetersäure, ebenso Lauge, Laugenstein, auch Arsenik, Sublimat usw.) verursachen meist sofort weiße, gelbe oder braune Verätzungen der Mundschleimhaut, ferner heftig brennende Schmerzen im Schlund,

Magen und Darm, blutiges, braun bis schwarzgefärbtes Erbrechen und weiterhin Bewußtlosigkeit.

Betäubende Gifte verursachen entweder in wenigen Minuten Bewußtlosigkeit (Cyankali) oder eine allmählich in den nächsten Stunden bis zur völligen Bewußtlosigkeit zunehmende Schlafsucht und Benommenheit so z. B. Alkohol, besonders Methylalkohol, Tabak, Fingerhut, Maiglöckchen, Strychnin, Schierling Stechapfel, Sulfonal, Opium, Morphium, Bilsenkraut (Hyoscyamin), Tollrübe (Mandragora), Tollkirsche (Belladonna, Atropin), Bakteriengift im Fleisch, Milch, Gemüse (Konserven), Schwammgift. Bei manchen Vergiftungen riecht der Atem charakteristisch, z. B. nach Cyankali, Phosphor, Alkohol, Tabak, Carbol; Bilsenkraut, Schierling, Stechapfel, Schwämme verbreiten einen widerlichen Geruch. Durch Alkohol, Opium, Morphium werden die Pupillen eng, durch Cyankali, Tollkirsche, Kokain weit. Schwamm-, Fleisch-, Konservenvergiftungen treten oft erst nach Stunden und unter Fieber in Erscheinung.

Der Schwerbetrunkene muß wie jeder Bewußtlose behandelt werden.

Bei jeder Vergiftung ist, solange der Kranke noch schluckt, Erbrechen anzuregen durch häufiges Einflößen von warmem Wasser (Tee), schleimigen Getränken; mittelst Berührung des weichen Gaumens am Zäpfchen reizt man alsdann sofort wieder zum Brechen. Danach soll alsbald ein mildes Abführmittel (z. B. Rizinusöl, außer bei Phosphor- und Farrenkrautvergiftung), oder mit dem Irrigator ein Mastdarmeinlauf von kaltem Seifenwasser gegeben werden. Innerlich werden zur Anregung des Herzens warmer, starker Kaffe und Tee gereicht. Ist bereits Bewußtlosigkeit eingetreten, so kann durch einen Gummischlauch und Trichter der Magen ausgehebert und mit Wasser ausgespült werden. Warme Mastdarmeinläufe mit 0,8 % Kochsalzwasser oder Kaffe, zu 1/4 Liter, öfters wiederholt, sind angezeigt, außerdem kalte Übergießungen, künstliche Atmung, äußere Reizmittel.

Erbrechen kann auch befördert werden durch Brechwurzelpulver (Radix Ipecacuanhae) 0,2 g, alle 10 Minuten ein Pulver, im Ganzen dreimal zu reichen. Bei Arsenikvergiftung ist das in der Apotheke immer bereite Gegenmittel Eisenoxydhydrat (aus Eisenvitriol durch gebrannte Magnesia im Verhältnis von 20 : 3 in 50 ccm Wasser frisch ausgefällt) so bald wie möglich einzugeben; außerdem irgendein gegen Blutarmut verordnetes Eisenpräparat, reichliche Mengen Wassers mit schwach gebrannter Magnesia (20 : 1).

Bei Sublimat-, Lysol-, Kresol-, Karbolvergiftung vermeide man Alkohol, gebe dagegen Eiweiß, Zucker mit Wasser, Milch, schwefelsaures Natron (Karlsbader- Glaubersalz) in Wasser.

Bei Phosphorvergiftung: Magnesia-, Kreidepulver (kohlensaurer Kalk) in Wasser, keine Milch, kein Öl, kein Fett.

Bei Grünspan-, Bleizuckervergiftung: Milch, Eiweiß, Schleimsuppe.

Bei Säurevergiftung: Alkalien in dünnen Lösungen (weiße Waschsoda, doppelt-kohlensaures Natron, Mineralwasser, Eiweiß, Milch, Seifenwasser, zerstoßene Eierschalen, Mauerbewurf, Kreide, kohlensaurer Kalk).

Bei Laugevergiftung: Sehr verdünnte Säuren (Essig, Zitronensaft, Salzsäure, Weinsäure, usw.) möglichst rasch nach der Vergiftung, eine Stunde später aber nur milde warme Schleimabkochungen (Stärke, Eibisch, Sago, Salep, Gummi, Hafer usw.).

B e w u ß t l o s i g k e i t durch H i t z e kann im Freien aber auch in geschlossenen Räumen, bei Menschenansammlungen an sehr heißen, schwülen Tagen, in überhitzten Räumen (Hochöfen, Maschinenheizungen, Backöfen, Gasfabriken usw.) vorkommen. Dabei handelt es sich um Wärmeanstauung, Wasser- und Kochsalzmangel im Körpergewebe. Vorbeugend wirkt daher Öffnen der Kleidung, Lüftung des Raumes, Ersatz des im Schweiß verlorenen Wassers und Salzes durch häufiges Trinken kleiner Mengen nicht zu kalten Wassers, dem etwas Zucker, Kochsalz oder doppeltkohlensaures Natron mit Fruchtsaft beigefügt ist. Auch Mineralwasser ist empfehlenswert, nicht aber Alkohol. Der vom Hitzschlag Getroffene stürzt, nachdem er vorher schon matt und still geworden ist, plötzlich lautlos nieder; sein Puls, seine Atmung gehen oberflächlich und schnell, die Schweißabsonderung hat aufgehört, das Gesicht ist blaß oder dunkelrot. Seine Kleider müssen geöffnet, Kopf und Brust mit naßkalten Tüchern gewaschen, die Atmung und Herztätigkeit angeregt werden. Bei Wiederkehr des Bewußtseins soll vorsichtig Wasser, noch besser Limonade eingeflößt werden. Heilsam wirken Eingießungen mittels Irrigators von 0,8 % Kochsalzwasser in den Mastdarm, noch besser steril mittels Hohlnadel unter die Brust-, Bauch- oder Oberschenkelhaut eingespritzt.

Durch Einwirkung der Sonnenstrahlen selbst, namentlich auf Kopf und Nacken, kann es ebenfalls zu Bewußtseinsstörung kommen mit Tobsuchtsanfällen. Der Sonnenstich, eine besondere Form der Hitzewirkung, eine Verbrennung ersten oder zweiten Grades (Rötung, Blasenbildung) kann auch rasch tödlich enden. Der Puls geht stark und schnell, die Atmung tief schnarchend. Wegen des dunkelroten Kopfes ist hier beschattete Hochlagerung des Oberkörpers, naßkalter Umschlag, dann auch die künstliche Atmung angezeigt.

Durch langdauernde Kälteeinwirkung auf geschwächte Menschen entsteht eine schlaffüchtige Ermattung, die allmählich in den Tod übergehen kann. Alkoholgenuß ist hier besonders gefährlich. Warme Suppe, Milch, Thee wären einzuflößen, der Körper warm zu reiben, der Kranke am Einschlafen durch Anregung zu verhindern.

Erfrorene sind mit Schnee, kalten wollenen Tüchern abzureiben, ihre Gliedmaßen vorsichtig zu rühren, da sie hart, steif und zerbrechlich sind. Auch die künstliche Atmung ist behutsam auszuführen, aber oft nach Stunden noch erfolgreich. Der Verunglückte ist anfangs in kalten Räumen zu betten. —

Die einführenden Leitsätze schärfen dem Nothelfer bereits ein, den Arzt von dem Unglücksfall sofort zu unterrichten. In dieser Unfallmeldung muß enthalten sein: die genaue Ortsangabe, wo der Verunglückte sich befindet, wohin er geschafft wird, wie dieser Ort am schnellsten zu erreichen ist, die Art und Größe des Unfalls (Blutung, Bewußtlosigkeit, Knochenverletzung, Vergiftung, Erstickung, Zahl der Verletzten, ihr Geschlecht und Alter usw.).

Es sei jeder bestrebt, etwas Gutes richtig zu wissen, danach ruhig, besonnen, schnell zum Heile der Mitmenschen zu handeln, dann wird die „Nothilfe" ihren Zweck erfüllen, zur wahren Hilfe werden.

Inhalt eines Notverband- und Rettungskastens.

1. Mehrere große dreieckige Tücher nach v. Esmarch.
2. Eine Idealbinde oder Gummibinde zur Abschnürung bei Blutungen.
3. Sublimatgaze, meterweise in kleinen Einzelpackungen, gegen Staub und Feuchtigkeit geschützt.
4. Kompressenstoff oder hydrophiler Verbandstoff, halbmeterweise verpackt.
5. Verbandwatte in kleinen Packungen zu je 50 g, behufs Raumersparnis auch gepreßt.
6. Einige Gazebinden, 5 m lang, 15 cm breit; schmälere Binden können mittels scharfen Messers in querer Richtung von dem Bindenkopf jederzeit rasch durch sägende Bewegungen abgeschnitten werden.

   Man kann auch Gaze, Watte und Binde für einen Verband oder „Schnellverbände", in wasserdichten Stoff, Baumwolle, Blech- oder Pappebüchsen steril, gebrauchsfertig verpackt, zusammenfassen.
7. Eine schmale Rolle antiseptischen Karbol- oder Zinkpflasters.
8. Bismutbrandbinden nach v. Bardeleben, 3 Stück 5—15 cm breit, zur sofortigen einmaligen Einwicklung ausgedehnter Verbrennungen, oder Leinöl-Kalkwasserliniment, oder sterilisierte Gazebinden in Gläsern mit sterilisiertem Paraffinöl, Olivenöl.
9. $1/2$—1 m Guttapercha, besser Mackintosh oder Billroth-Batist.
10. Einige Lederfinger.
11. Als Schienen: Brettchen, Pappendeckel, Drahtgeflecht oder Bandeisen, $1/2$—2 m lang, auch zusammensteckbar aus Scheidewandteilen des Verbandkastens.
12. Einige Steifgazbinden oder Gipsbinden in Blechdosen, 15 cm breit.
13. 1 proz. Salizylvaselin in Blechbüchse, 50 g.
14. Salmiakriechsalz
15. Kollodium
16. Hoffmannstropfen

(14.–16.) in Gläsern zu je 50 g mit guten Gummistöpseln.

17. Einige Stückchen Zucker in Blechbüchse.
18. Essigsaure Tonerde (als Lenicet in Pulverform), oder Collargol (metallisches Silber in Tablettenform), in Blechbüchsen, beide 1—4 % in Wasser als Antiseptikum aufzulösen.
19. Übermangansaures Kali in Blechbüchsen, auch als Pastillen komprimiert, (0,1 % in Wasser gelöst als Gurgelwasser, 4 % " " " zur Wunddesinfektion, besonders bei Schlangenbiß).
20. Eine Blechdose Senfpapier.
21. Starke Sicherheitsnadeln mit Blechkappen.
22. Eine kräftige Schere ohne Spitzen.
23. 3 Brechwurzelpulver (pulvis radicis Ipecacuanhae) à 0,2 g.
24. Gebrannte Magnesia.
25. Eisenvitriol.
26. Schwefelsaures Natron (Glaubersalz).
27. Karbol-, Sublimat- oder Schmierseife, eine auskochbare Wurzelbürste.
28. Ein Fieber-Maximalthermometer.
29. Ein gabelförmiger Draht als Verbindungszange zum Kurzschließen.
30. Eine Kneipzange mit Gummihandgriffen.
31. Ein Gummituch 1—2 m lang und breit.
32. Gummihandschuhe.
33. Ein Sauerstoffapparat.
34. Ein elektrischer Induktionsapparat mit Trockenelementen.

Die Aufschriften müssen deutlich sein, ein Inhaltsverzeichnis ist für jeden Rettungskasten notwendig, so daß Verbrauchtes sofort ergänzt werden kann.

Der Rettungskastenschlüssel muß, jedermann zugänglich, gut verwahrt sein. Von Vorteil ist es für gewerbliche Betriebe, in den Rettungskasten eine plombierte Kassette einzufügen mit der Aufschrift „nur für den Arzt". Sie enthält dann: Kampferöl, sterile Lösungen von Morphium, Apomorphin Atropin, 5 % Jodtinktur und Sekale, in Glasröhrchen eingeschmolzen; außerdem Sublimatpastillen, ein chirurgisches Taschenbesteck für den nötigsten Bedarf, (Nadeln, sterile Seide, Messer, Schere, Pinzette, Arterienklemme) und eine Injektionsspritze samt sterilem Paraffinöl in Metallhülse verschraubt.

Inhaltsangabe.

www.ingramcontent.com/pod-product-compliance
Lightning Source LLC
La Vergne TN
LVHW010647300926
849161LV00005B/1057
* 9 7 8 3 4 8 6 7 4 1 2 9 2 *